Misterele Bucătăriei Chineze
O Călătorie Culinara Fascinantă

Li Wei

Cuprins

Crap dulce-acru *10*
Crap cu tofu *12*
Rulouri de pește cu migdale *14*
Cod cu muguri de bambus *16*
Pește cu muguri de fasole *18*
File de pește în sos brun *20*
Prăjituri chinezești de pește *21*
Pește prajit crocant *22*
Cod prăjit *23*
Cinci pești condimentați *24*
Bastoane de pescuit parfumate *25*
Pește cu castraveți *26*
Cod condimentat cu ghimbir *27*
Cod cu sos de mandarine *29*
Pește cu ananas *31*
Rulouri de pește cu carne de porc *33*
Pește în vin de orez *35*
Pește rapid prăjit *36*
Pește cu semințe de susan *37*
Biluțe de pește la abur *38*
Pește marinat dulce-acru *39*
Pește cu sos de oțet *40*
Anghilă prăjită *42*
Anghilă uscată *43*
Eel cu telina *45*
Boia de ardei umplută cu eglefin *46*
Eglefin în sos de fasole neagră *47*
Pește în sos brun *48*
Cinci pești condimentați *49*
Eglefin cu usturoi *50*
Pește cu condimente iute *51*
Ginger Haddock cu Pak Soi *53*

Impletituri de casa	55
Rulouri de pește la abur	56
Halibut cu sos de rosii	58
Monkfish cu broccoli	59
Mollet cu sos gros de soia	61
Pește de lac Lääne	62
Fructe de mare prajite	63
Fructe de mare la abur cu ciuperci chinezești	64
Biban de mare cu usturoi	65
Biban de mare cu sos de ananas	66
Somon cu tofu	68
Pește marinat prăjit	69
Pastrav cu morcovi	70
Păstrăv prăjit	71
Pastrav cu sos de lamaie	72
ton chinezesc	74
Fripturi de pește marinate	76
Creveți cu migdale	77
Creveți anason	78
Creveți cu sparanghel	79
Creveți cu bacon	80
Biluțe de creveți	81
Creveți la grătar	83
Creveți cu muguri de bambus	84
Creveți cu muguri de fasole	85
Creveți cu sos de fasole neagră	86
Creveți cu țelină	88
Creveți prăjiți cu pui	89
Creveți chilli	90
Creveți Chop Suey	91
Creveți Chow Mein	92
Creveți cu dovleac și litchi	93
Creveți cu crab	95
Creveți cu castraveți	97
curry de creveți	98
Curry de creveți și ciuperci	99

Creveți prăjiți	100
Creveți prăjiți	101
Biluțe de creveți cu sos de roșii	102
Creveți și cupe de ouă	104
Rulouri cu ouă cu creveți	105
Creveți în stilul Orientului Îndepărtat	107
Creveți Foo Yung	109
Cartofi prăjiți cu creveți	110
Creveți prăjiți în sos	112
Creveți poșați cu șuncă și tofu	114
Creveți în sos de homar	115
Abalone marinat	117
Lăstari de bambus înăbușiți	118
Pui cu castraveți	119
Susan de pui	120
Litchi cu ghimbir	121
Aripioare de pui fierte roșii	122
Carne de crab cu castraveți	123
Ciuperci marinate	124
Ciuperci cu usturoi marinate	125
Creveți și conopidă	126
Bețișoare de șuncă de susan	127
Tofu rece	128
Pui cu bacon	129
Pui și cartofi prăjiți cu banane	130
Pui cu ghimbir si ciuperci	131
Pui și șuncă	133
Ficat de pui la gratar	134
Biluțe de crab cu castane de apă	135
Dim Sum	136
Rulouri cu șuncă și pui	137
Vânzări de șuncă la cuptor	139
Pește pseudoafumat	140
Ciuperci umplute	142
Ciuperci cu sos de stridii	143
Rulouri de porc și salată	144

Chiftele de porc și castane 146
Biluțe de porc 147
Risole de porc și vițel 148
Creveți fluture 149
creveți chinezești 150
Biscuiți de creveți 151
Creveți crocanți 152
Creveți cu sos de ghimbir 153
Creveți și rulouri cu tăiței 154
Pâine prăjită cu creveți 156
Wonton de porc și creveți cu sos dulce-acru 157
Supa de pui 159
Supă de fasole și porc 160
Supă de abalone și ciuperci 161
Supă de pui și sparanghel 163
Supa de vită 164
Supă de vită și frunze chinezești 165
Supă de varză 166
Supa picanta de vita 167
Supa cerească 169
Supă de pui și muguri de bambus 170
Supă de pui și porumb 171
Supă de pui și ghimbir 172
Supă de pui cu ciuperci chinezești 173
Supă de pui și orez 174
Supă de pui și nucă de cocos 175
Supă de crustacee 176
Supă de ouă 177
Ciorbă de crab și scoici 178
Supă de crabi 180
Ciorba de peste 181
Supă de pește și salată 182
Supă de ghimbir cu găluște 184
Supa tare si acra 185
Supa de ciuperci 186
Supă de ciuperci și varză 187

Supă de ciuperci și picături de ouă *188*
Ciorba de castane cu ciuperci si apa.. *189*
Supă de porc și ciuperci.. *190*
Ciorba de porc si nasturel *191*
Supă de porc și castraveți... *192*
Supă cu bile de porc și tăiței *193*
Supă de spanac și tofu *194*
Supă de porumb dulce și crab.. *195*
Supă de Sichuan... *196*
Supă de tofu *198*
Supă de tofu și pește... *199*
Supă de roșii *200*
Supă de roșii și spanac *201*
Supă de varză.. *202*
Supa de legume *203*
Supă vegetariană *204*
Supa de nasturel... *205*
Pește prăjit cu legume.. *206*
Pește întreg copt *208*
Pește de soia înăbușit *209*
Pește de soia cu sos de stridii *210*
Bas aburit... *212*
Pește înăbușit cu ciuperci *213*
Pește dulce și acru *215*
Pește umplut cu carne de porc *217*
Crap picant înăbușit *219*

Crap dulce-acru

Porti 4

1 crap mare sau pește similar
300 g/11 oz/¬œ cană făină de porumb (amidon de porumb)
250 ml / 8 fl oz / 1 cană ulei vegetal
30 ml/2 linguri sos de soia
5 ml / 1 linguriță sare
150 g/5 oz zahăr plin de ¬Ω cană
75 ml/5 linguri otet de vin
15 ml/1 lingură vin de orez sau sherry uscat
3 ceapa primavara (ceapa), tocata marunt
1 felie radacina de ghimbir, tocata marunt
250 ml/8 fl oz/1 cană apă clocotită

Curățați și curățați peștele și lăsați-l la înmuiat în apă rece timp de câteva ore. Ștergeți și uscați, apoi faceți mai multe tăieturi pe ambele părți. Rezervați 30 ml/2 linguri de făină de porumb și amestecați treptat suficientă apă în făina de porumb rămasă pentru a obține un aluat tare. Pune peștele în aluat. Se incinge uleiul foarte incins si se prajeste pestele pana devine crocant pe exterior, apoi se reduce focul si se continua sa se prajeasca pana se inmoaie pestele. Între timp, amestecați restul de mălai, sosul de soia, sarea, zahărul, oțetul de vin,

vin sau sherry, ceapă și ghimbir. Când peștele este gătit, transferați-l într-un vas cald de servire. Adăugați amestecul de sos și apă în ulei și încălziți, amestecând bine, până se îngroașă sosul. Se toarna peste peste si se serveste imediat.

Crap cu tofu

Porti 4

1 crap

60 ml/4 linguri ulei de arahide

225 g/8 oz tofu, tăiat cubulețe

2 cepe primare (ceapa), tocate marunt

1 catel de usturoi, tocat marunt

2 felii de rădăcină de ghimbir, tăiate mărunt

15 ml/1 lingură sos chilli

30 ml/2 linguri sos de soia

500 ml/16 fl oz/2 căni de stoc

30 ml/2 linguri vin de orez sau sherry uscat

15 ml/1 lingură făină de porumb (amidon de porumb)

30 ml/2 linguri apă

Tăiați, decupați și curățați peștele și tăiați trei linii diagonale pe fiecare parte. Încinge uleiul și prăjește ușor tofu până se rumenește. Scoateți din tavă și scurgeți bine. Adăugați peștele în tigaie și gătiți până devine auriu, apoi scoateți din tigaie. Scurgeți tot, în afară de 15 ml/1 lingură de ulei, apoi prăjiți ceapa, usturoiul și ghimbirul timp de 30 de secunde. Adăugați sosul chilli, sosul de soia, bulionul și vinul și aduceți la fiert. Adăugați cu grijă peștele împreună în tigaie

tofu si se fierbe neacoperit aproximativ 10 minute, pana cand pestele este fiert si sosul s-a redus. Transferați peștele într-un vas de servire încălzit și turnați tofu deasupra. Se amestecă făina de porumb și apa într-o pastă, se amestecă în sos și se fierbe, amestecând, până când sosul se îngroașă puțin. Se toarna peste peste si se serveste imediat.

Rulouri de pește cu migdale

Porti 4

100 g/4 oz/1 cană migdale
450g/1lb file de cod
4 felii de sunca afumata
1 ceapa (ceapa), tocata
1 felie radacina de ghimbir, tocata
5 ml/1 lingurita faina de porumb (amidon de porumb)
5 ml/1 lingurita zahar
2,5 ml/¬Ω linguriță de sare
15 ml/1 lingura sos de soia
15 ml/1 lingură vin de orez sau sherry uscat
1 ou, putin batut
ulei pentru prajit
1 lămâie, tăiată felii

Se fierb migdalele in apa clocotita timp de 5 minute, se scurg si se toaca. Tăiați peștele în pătrate de 9 cm/3¬Ω și șunca în pătrate de 5 cm/2. Amestecați ceapa de primăvară, ghimbir, mălai, zahăr, sare, sos de soia, vin sau sherry și ouă. Înmuiați peștele în amestec și puneți peștele pe suprafața de lucru. Acoperiți cu migdale și puneți deasupra o felie de șuncă. Rulați peștele și legați

împreună cu bucătarul, se încălzește uleiul și se prăjesc rulourile de pește câteva minute până devin aurii. Se scurge pe hartie de bucatarie si se serveste cu lamaie.

Cod cu muguri de bambus

Porti 4

4 ciuperci chinezești uscate
900 g/2 lb file de cod, tăiate cubulețe
30 ml/2 linguri faina de porumb (amidon de porumb)
ulei pentru prajit
30 ml/2 linguri ulei de arahide
1 ceapă (ceapă), feliată
1 felie radacina de ghimbir, tocata
sare
100g/4oz muguri de bambus, feliați
120 ml/4 fl oz/¬Ω cană de stoc de pește
15 ml/1 lingura sos de soia
45 ml/3 linguri apă

Înmuiați ciupercile în apă caldă timp de 30 de minute și scurgeți-le. Aruncați tulpinile și tăiați capacele. Pudrați cu jumătate din pește făină de porumb. Încinge uleiul și prăjește peștele până se rumenește. Se scurge pe prosoape de hartie si se tine la cald.

În același timp, încălziți uleiul și prăjiți ceapa, ghimbirul și sarea până se rumenesc ușor. Adăugați lăstarii de bambus și gătiți timp de 3 minute. Adăugați bulion și sosul de soia, aduceți la fiert și fierbeți timp de 3 minute. Se amestecă restul de mălai cu apă într-o pastă, se adaugă în oală și se fierbe, amestecând, până se îngroașă sosul. Se toarna peste peste si se serveste imediat.

Pește cu muguri de fasole

Porti 4

450 g / 1 lb fasole
45 ml/3 linguri ulei de arahide
5 ml / 1 linguriță sare
3 felii de rădăcină de ghimbir, tocate
450g/1lb file de pește feliat
4 ceai (cei), feliați
15 ml/1 lingura sos de soia
60 ml/4 linguri supa de peste
10 ml/2 lingurițe de făină de porumb (amidon de porumb)
15 ml / 1 lingura de apa

Se fierbe fasolea in apa clocotita timp de 4 minute si se scurge bine. Se încălzește jumătate din ulei și se prăjește în sare și ghimbir timp de 1 minut. Adăugați peștele și gătiți până se rumenește ușor, apoi scoateți din tigaie. Se încălzește uleiul rămas și se prăjește ceapa timp de 1 minut. Adăugați sosul de soia și bulionul și aduceți la fierbere. Puneți peștele înapoi în tigaie, acoperiți și fierbeți timp de 2 minute până când peștele este fiert. Amestecați făina de porumb și apa într-o pastă, adăugați în tigaie și fierbeți, amestecând, până când sosul se limpezește și se îngroașă.

File de pește în sos brun

Porti 4

450g/1lb file de cod, feliate groase

30 ml/2 linguri vin de orez sau sherry uscat

30 ml/2 linguri sos de soia

3 ceapa primavara (ceapa), tocata marunt

1 felie radacina de ghimbir, tocata marunt

5 ml / 1 linguriță sare

5 ml/1 linguriță ulei de susan

30 ml/2 linguri faina de porumb (amidon de porumb)

3 oua, batute

90 ml/6 linguri ulei de arahide

90 ml/6 linguri supa de peste

Puneți fileurile de pește într-un castron. Amestecați vinul sau sherry, sosul de soia, arpagicul, ghimbirul, sarea și uleiul de susan, turnați peste pește, acoperiți cu un capac și lăsați la marinat 30 de minute. Scoateți peștele din marinadă și dragați-l în făină de porumb, apoi scufundați-l în oul bătut. Se incinge uleiul si se prajeste pestele pana devine maro auriu la exterior. Se toarnă uleiul și se amestecă bulionul și restul de marinadă. Se aduce la fierbere și se fierbe la foc mic aproximativ 5 minute până când peștele este fiert.

Prăjituri chinezești de pește

Porti 4

450g/1lb tocat (măcinat) cod
2 cepe primare (ceapa), tocate marunt
1 cățel de usturoi, zdrobit
5 ml / 1 linguriță sare
5 ml/1 lingurita zahar
5 ml/1 linguriță sos de soia
45 ml/3 linguri ulei vegetal
15 ml/1 lingură făină de porumb (amidon de porumb)

Amestecați codul, ceapa primăvară, usturoiul, sarea, zahărul, sosul de soia și 10 ml/2 lingurițe de ulei. Se frământă bine, presărând din când în când puțin porumb, până când amestecul devine moale și elastic. Formați 4 prăjituri de pește. Se incinge uleiul si se prajesc prajiturile de peste aproximativ 10 minute pana devin aurii, se aplatizeaza in timp ce se prajesc. Serviți cald sau rece.

Pește prajit crocant

Porti 4

450 g/1 lb file de pește, tăiate fâșii
30 ml/2 linguri vin de orez sau sherry uscat
sare si piper proaspat macinat
45 ml/3 linguri faina de porumb (amidon de porumb)
1 albus de ou, batut usor
ulei pentru prajit

Pune pestele in vin sau sherry si asezoneaza cu sare si piper. Pudrați ușor cu mălai. Bateți restul de făină de porumb în albușul de ou până se întărește și înmuiați peștele în aluat. Se încălzește uleiul și se prăjesc fâșiile de pește câteva minute până se rumenesc.

Cod prăjit

Porti 4

900 g/2 lb file de cod, tăiate cubulețe
sare si piper proaspat macinat
2 ouă, bătute
100 g/4 oz/1 cană făină simplă (universală).
ulei pentru prajit
1 lămâie, tăiată felii

Condimentam codul cu sare si piper. Bateți ouăle și făina într-un aluat și asezonați cu sare. Înmuiați peștele în aluat. Se încălzește uleiul și se prăjește peștele câteva minute până când se rumenește și este fiert. Se scurge pe hartie de bucatarie si se serveste cu felii de lamaie.

Cinci pești condimentați

Porti 4

4 file de cod
5 ml/1 linguriță pudră de cinci condimente
5 ml / 1 linguriță sare
30 ml/2 linguri ulei de arahide
2 catei de usturoi, macinati
2,5 ml/1 rădăcină de ghimbir, tocată
30 ml/2 linguri vin de orez sau sherry uscat
15 ml/1 lingura sos de soia
câteva picături de ulei de susan

Frecați peștele cu pudră de cinci condimente și sare. Încinge uleiul și prăjește peștele până se rumenește ușor pe ambele părți. Scoateți din tavă și adăugați ingredientele rămase. Se încălzește în timp ce se amestecă, apoi se pune peștele înapoi în tigaie și se reîncălzi ușor înainte de servire.

Bastoane de pescuit parfumate

Porti 4

30 ml/2 linguri vin de orez sau sherry uscat
1 ceapa primavara (ceapa), tocata marunt
2 ouă, bătute
10 ml/2 lingurițe pudră de curry
5 ml / 1 linguriță sare
450g/1lb file de pește alb, tăiate fâșii
100 g/4 oz pesmet
ulei pentru prajit

Amestecați vinul sau sherry, ceapa primăvară, oul, curry și sarea. Înmuiați peștele în amestec, astfel încât bucățile să fie uniform acoperite, apoi apăsați-le în pesmet. Se incinge uleiul si se prajeste pestele cateva minute pana devine crocant si auriu. Se scurge bine si se serveste imediat.

Pește cu castraveți

Porti 4

4 fileuri de peste alb
75 g/3 oz castraveți mici
2 ceapa primavara (ceapa)
2 felii de rădăcină de ghimbir
30 ml/2 linguri apă
5 ml/1 lingurita ulei de arahide
2,5 ml/½ linguriță de sare
2,5 ml/½ linguriță de vin de orez sau sherry uscat

Asezati pestele pe o farfurie termorezistenta si presarati restul ingredientelor deasupra. Puneți pe un gratar într-un cuptor cu abur, acoperiți și fierbeți la abur timp de aproximativ 15 minute peste apă clocotită până când peștele este fraged. Transferați într-un vas de servire încălzit, aruncați ghimbirul și ceapa și serviți.

Cod condimentat cu ghimbir

Porti 4

225 g/8 oz piure de roșii (pastă)
30 ml/2 linguri vin de orez sau sherry uscat
15 ml/1 lingură rădăcină de ghimbir rasă
15 ml/1 lingură sos chilli
15 ml / 1 lingura de apa
15 ml/1 lingura sos de soia
10 ml/2 lingurite zahar
3 catei de usturoi, macinati
100 g/4 oz/1 cană făină simplă (universală).
75 ml/5 linguri făină de porumb (amidon de porumb)
175 ml/6 fl oz/¬œ cană de apă
1 albus de ou
2,5 ml/¬Ω linguriță de sare
ulei pentru prajit
450g/1lb file de cod, decojite și tăiate cubulețe

Pentru a face sosul, amestecați împreună piure de roșii, vin sau sherry, ghimbir, sos chilli, apă, sos de soia, zahăr și usturoi. Se aduce la fierbere, apoi se fierbe, amestecând, timp de 4 minute.

Bateți făina, mălaiul, apa, albușul de ou și sarea până se omogenizează. Incalzeste uleiul. Înmuiați bucățile de pește în aluat și prăjiți aproximativ 5 minute până când sunt prăjite și aurii. Scurgeți pe hârtie de bucătărie. Se toarnă tot uleiul și se pune peștele și sosul înapoi în tigaie. Se încălzește ușor timp de aproximativ 3 minute până când peștele este complet acoperit cu sosul.

Cod cu sos de mandarine

Porti 4

675g/1lb file de cod, tăiate fâşii
30 ml/2 linguri faina de porumb (amidon de porumb)
60 ml/4 linguri ulei de arahide
1 ceapa (ceapa), tocata
2 catei de usturoi, macinati
1 felie radacina de ghimbir, tocata
100g/4oz ciuperci, feliate
50g/2oz muguri de bambus, tăiaţi în fâşii
120 ml/4 fl oz/¬Ω cană sos de soia
30 ml/2 linguri vin de orez sau sherry uscat
15 ml/1 lingură zahăr brun
5 ml / 1 linguriţă sare
250 ml/8 fl oz/1 cană supă de pui

Înmuiaţi peştele în făină de porumb până când peştele este uşor acoperit. Încinge uleiul şi prăjeşte peştele până se rumeneşte pe ambele părţi. Scoateţi-l din tigaie. Adăugaţi ceapa primăvară, usturoiul şi ghimbirul şi gătiţi până se rumenesc uşor. Adăugaţi ciupercile şi lăstarii de bambus şi gătiţi timp de 2 minute. Adăugaţi ingredientele rămase şi încălziţi se fierbe, se amestecă. Peștele se pune înapoi în tigaie, se acoperă și se fierbe timp de 20 de minute.

Pește cu ananas

Porti 4

450 g/1 lb file de pește
2 ceai (cei), tocate
30 ml/2 linguri sos de soia
15 ml/1 lingură vin de orez sau sherry uscat
2,5 ml/¬Ω linguriță de sare
2 oua, batute usor
15 ml/1 lingură făină de porumb (amidon de porumb)
45 ml/3 linguri ulei de arahide
225 g/8 oz bucăți de ananas conservate în suc

Tăiați peștele în fâșii de 2,5 cm/1 contra bob și puneți-l într-un castron. Adăugați ceapa primăvară, sosul de soia, vinul sau sherry și sare, amestecați și lăsați timp de 30 de minute. Scurgeți peștele, aruncați marinada. Bateți oul și făina de porumb într-un aluat și înmuiați peștele în aluat pentru a se acoperi, scurgând orice exces. Încinge uleiul și prăjește peștele până se rumenește ușor pe ambele părți. Reduceți căldura și continuați să gătiți până se înmoaie. Între timp, amestecați 60 ml/4 linguri de suc de ananas în aluatul rămas și bucățile de ananas. Se pune intr-o tigaie la foc mic si se fierbe, amestecand continuu, pana se incinge. Organiza

asezati pestele fiert pe o farfurie incalzita de servire si turnati peste sosul pentru a servi.

Rulouri de pește cu carne de porc

Porti 4

450 g/1 lb file de pește

100g/4oz carne de porc fiartă, tocată (tocată)

30 ml/2 linguri vin de orez sau sherry uscat

15 ml/1 lingura de zahar

ulei pentru prajit

120 ml/4 fl oz/¬Ω cană de stoc de pește

3 ceai (cei), tocate

1 felie radacina de ghimbir, tocata

15 ml/1 lingura sos de soia

15 ml/1 lingură făină de porumb (amidon de porumb)

45 ml/3 linguri apă

Tăiați peștele în pătrate de 9 cm/3¬Ω. Se amestecă carnea de porc cu vin sau sherry și jumătate din zahăr, se distribuie pe pătratele de pește, se rulează și se fixează cu sfoară. Încinge uleiul și prăjește peștele până se rumenește. Scurgeți pe hârtie de bucătărie. Intre timp se incinge bulionul si se adauga ceapa, ghimbirul, sosul de soia si zaharul ramas. Se aduce la fierbere și se fierbe timp de 4 minute. Se amestecă făina de porumb și apa într-o pastă, se amestecă în tigaie și se lasă să fiarbă, se amestecă până când sosul se limpezeşte şi se îngroaşă. Se toarna peste peste si se serveste imediat.

Pește în vin de orez

Porti 4

400 ml/14 fl oz/1 cană vin de orez sau sherry uscat
120 ml/4 fl oz/¬Ω cană de apă
30 ml/2 linguri sos de soia
5 ml/1 lingurita zahar
sare si piper proaspat macinat
10 ml/2 lingurițe de făină de porumb (amidon de porumb)
15 ml / 1 lingura de apa
450g/1lb file de cod
5 ml/1 linguriță ulei de susan
2 cepe (cepe), tocate

Se fierbe vinul, apa, sosul de soia, zaharul, sare si piper si se fierbe pana la jumatate. Se amestecă făina de porumb cu apă până la o pastă, se adaugă în oală și se fierbe, amestecând, timp de 2 minute. Se condimentează peștele cu sare și se stropește cu ulei de susan. Se adaugă în tigaie și se fierbe la foc foarte mic timp de aproximativ 8 minute până se fierbe. Se serveste presarata cu ceapa.

Pește rapid prăjit

Porti 4

450g/1lb file de cod, tăiate fâșii

sare

sos de soia

ulei pentru prajit

Stropiți peștele cu sare și sos de soia și lăsați 10 minute. Se incinge uleiul si se prajeste pestele cateva minute pana devine usor auriu. Se scurge pe hartie de bucatarie si se presara generos cu sos de soia inainte de servire.

Pește cu semințe de susan

Porti 4

450 g/1 lb file de pește, tăiate fâșii
1 ceapa, tocata
2 felii de rădăcină de ghimbir, tocate
120 ml/4 fl oz/¬Ω cană de vin de orez sau sherry uscat
10 ml/2 lingurite de zahăr brun
2,5 ml/¬Ω linguriță de sare
1 ou, putin batut
15 ml/1 lingură făină de porumb (amidon de porumb)
45 ml/3 linguri făină simplă (universală).
60 ml/6 linguri de seminte de susan
ulei pentru prajit

Puneți peștele într-un castron. Amestecați ceapa, ghimbirul, vinul sau sherry, zahărul și sarea, adăugați peștele și lăsați la marinat timp de 30 de minute, întorcându-le din când în când. Bateți ouăle, mălaiul și făina în aluat. Înmuiați peștele în aluat și presați în semințele de susan. Încinge uleiul și prăjește fâșiile de pește aproximativ 1 minut până devin aurii și crocante.

Biluțe de pește la abur

Porti 4

450g/1lb tocat (măcinat) cod
1 ou, putin batut
1 felie radacina de ghimbir, tocata
2,5 ml/½ linguriță de sare
un praf de piper proaspat macinat
15 ml/1 lingură făină de porumb (amidon de porumb) 15 ml/1
lingură vin de orez sau sherry uscat

Se amestecă bine toate ingredientele și se formează bile de mărimea unei nuci. Dacă este necesar, se presară peste puțină făină. Se toarnă într-un vas rezistent la cuptor.

Așezați vasul în cuptorul cu aburi pe grătar, acoperiți și fierbeți ușor peste apă clocotită timp de aproximativ 10 minute până când este fiert.

Pește marinat dulce-acru

Porti 4

450 g/1 lb file de pește, tăiate în bucăți
1 ceapa, tocata
3 felii de rădăcină de ghimbir, tocate
5 ml/1 linguriță sos de soia
sare si piper proaspat macinat
30 ml/2 linguri faina de porumb (amidon de porumb)
ulei pentru prajit
sos dulce-acru

Puneți peștele într-un castron. Se amestecă ceapa, ghimbirul, sosul de soia, sare și piper, se adaugă peștele, se acoperă cu un capac și se lasă 1 oră, întorcându-le din când în când. Scoateți peștele din marinadă și stropiți cu făină de porumb. Încinge uleiul și prăjește peștele până devine crocant și auriu. Se scurge pe hârtie de bucătărie și se transferă pe o farfurie de servire încălzită. Se pregateste intre timp sosul si se toarna peste peste pentru a servi.

Pește cu sos de oțet

Porti 4

450 g/1 lb file de pește, tăiate fâșii
sare si piper proaspat macinat
1 albus de ou, batut usor
45 ml/3 linguri faina de porumb (amidon de porumb)
15 ml/1 lingură vin de orez sau sherry uscat
ulei pentru prajit
250 ml/8 fl oz/1 cană bulion de pește
15 ml/1 lingură zahăr brun
15 ml/1 lingura otet de vin
2 felii de rădăcină de ghimbir, tocate
2 ceai (cei), tocate

Condimentam pestele cu putina sare si piper. Bate albusurile spuma cu 30 ml/2 linguri de porumb si vin sau sherry. Se aruncă peștele în aluat până se îmbracă. Încinge uleiul și prăjește peștele câteva minute până se rumenește. Scurgeți pe hârtie de bucătărie.

Intre timp se fierbe bulionul, zaharul si otetul de vin. Adaugă ghimbirul și ceapa și călești timp de 3 minute. Se amestecă restul de mălai într-o pastă cu puțină apă, se amestecă în tigaie şi fierbeţi amestecând până când sosul se limpezeşte şi se îngroaşă. Se toarna peste peste pentru a servi.

Anghilă prăjită

Porti 4

450g/1lb eel
250 ml/8 fl oz/1 cană ulei de arahide
30 ml/2 linguri sos de soia închis
30 ml/2 linguri vin de orez sau sherry uscat
15 ml/1 lingură zahăr brun
un praf de ulei de susan

Curățați pielea de anghilă și tăiați-o în bucăți. Se încălzește uleiul și se prăjește anghila până devine aurie. Scoateți din tigaie și scurgeți. Se toarnă tot, cu excepția 30 ml/2 linguri de ulei. Se încălzește uleiul din nou și se adaugă sos de soia, vin sau sherry și zahăr. Se încălzește, se adaugă anghila și se amestecă până când anghila este bine acoperită și aproape tot lichidul s-a evaporat. Se toarnă peste ulei de susan și se servește.

Anghilă uscată

Porti 4

5 ciuperci chinezești uscate

3 ceapa primavara (ceapa)

30 ml/2 linguri ulei de arahide

20 catei de usturoi

6 felii rădăcină de ghimbir

10 castane de apă

900 g/2 lb eel

30 ml/2 linguri sos de soia

15 ml/1 lingură zahăr brun

15 ml/1 lingură vin de orez sau sherry uscat

450 ml/¬œ pt/2 căni de apă

15 ml/1 lingură făină de porumb (amidon de porumb)

45 ml/3 linguri apă

5 ml/1 linguriță ulei de susan

Înmuiați ciupercile în apă caldă timp de 30 de minute, apoi scurgeți și îndepărtați tulpinile. Tăiați 1 ceapă în bucăți și tocați-l pe celălalt. Se încălzește uleiul și se prăjesc ciupercile, ceapa, usturoiul, ghimbirul și castanele timp de 30 de secunde. Adăugați anghilele și gătiți timp de 1 minut. Adăugați sos de soia, zahăr, vin sau

sherry si apa, se aduce la fierbere, se acopera si se fierbe la foc mic timp de 1 ora, adaugand putina apa la nevoie. Se amestecă făina de porumb și apa într-o pastă, se adaugă în oală și se fierbe, amestecând, până se îngroașă sosul. Se serveste stropita cu ulei de susan si ceapa tocata.

Eel cu telina

Porti 4

350g/12oz eel
6 tulpini de țelină
30 ml/2 linguri ulei de arahide
2 cepe (cepe), tocate
1 felie radacina de ghimbir, tocata
30 ml/2 linguri apă
5 ml/1 lingurita zahar
5 ml/1 linguriță vin de orez sau sherry uscat
5 ml/1 linguriță sos de soia
piper proaspăt măcinat
30 ml/2 linguri pătrunjel proaspăt tocat

Curățați și tăiați eelul în fâșii. Tăiați țelina fâșii. Încinge uleiul și prăjește ceapa și ghimbirul timp de 30 de secunde. Adăugați anghila și gătiți timp de 30 de secunde. Adăugați țelina și gătiți timp de 30 de secunde. Adăugați jumătate din apă, zahăr, vin sau sherry, sos de soia și piper. Se aduce la fierbere și se fierbe câteva minute până când țelina este moale, dar încă crocantă și lichidul s-a redus. Se serveste presarat cu patrunjel.

Boia de ardei umplută cu eglefin

Porti 4

225 g/8 oz file de eglefin, tocate (tocate)
100 g/4 oz creveți decojiți, tocați (tocați)
1 ceapa (ceapa), tocata
2,5 ml/½ linguriță de sare
piper
4 ardei verzi
45 ml/3 linguri ulei de arahide
120 ml/4 fl oz/½ cană bulion de pui
10 ml/2 lingurițe de făină de porumb (amidon de porumb)
5 ml/1 linguriță sos de soia

Amestecați eglefinul, creveții, ceapa, sare și piper. Tăiați tulpina boia de ardei și scoateți mijlocul. Umpleți ardeii cu amestecul de fructe de mare. Se încălzește uleiul și se adaugă boia și bulion. Aduceți la fierbere, acoperiți și fierbeți timp de 15 minute. Transferați ardeii într-un vas de servire încălzit. Se amestecă făina de porumb, sosul de soia și puțină apă și se amestecă în tigaie. Se aduce la fierbere și se fierbe, amestecând, până când sosul se limpezește și se îngroașă.

Eglefin în sos de fasole neagră

Porti 4

15 ml/1 lingura ulei de arahide

2 catei de usturoi, macinati

1 felie radacina de ghimbir, tocata

15 ml/1 lingură sos de fasole neagră

2 cepe, feliate

1 tulpină de țelină, feliată

450 g/1 lb file de eglefin

15 ml/1 lingura sos de soia

15 ml/1 lingură vin de orez sau sherry uscat

250 ml/8 fl oz/1 cană supă de pui

Se incinge uleiul si se prajesc usturoiul, ghimbirul si sosul de fasole neagra pana se rumenesc usor. Adăugați ceapa și țelina și gătiți timp de 2 minute. Adăugați eglefinul și gătiți aproximativ 4 minute pe fiecare parte sau până când peștele este gătit. Adăugați sos de soia, vin sau sherry și supă de pui, aduceți la fierbere, acoperiți și fierbeți timp de 3 minute.

Pește în sos brun

Porti 4

4 eglefin sau pește asemănător
45 ml/3 linguri ulei de arahide
2 cepe (cepe), tocate
2 felii de rădăcină de ghimbir, tocate
5 ml/1 linguriță sos de soia
2,5 ml/¬Ω lingurita otet de vin
2,5 ml/¬Ω linguriță de vin de orez sau sherry uscat
2,5 ml/¬Ω lingurita de zahar
piper proaspăt măcinat
2,5 ml/¬Ω linguriță ulei de susan

Tăiați peștele și tăiați în bucăți mari. Încinge uleiul și prăjește ceapa și ghimbirul timp de 30 de secunde. Adăugați peștele și gătiți până se rumenește ușor pe ambele părți. Adăugați sos de soia, oțet de vin, vin sau sherry, zahăr și piper și fierbeți timp de 5 minute până când sosul devine gros. Se serveste stropite cu ulei de susan.

Cinci pești condimentați

Porti 4

450 g/1 lb file de eglefin

5 ml/1 linguriță pudră de cinci condimente

5 ml / 1 linguriță sare

30 ml/2 linguri ulei de arahide

2 catei de usturoi, macinati

2 felii de rădăcină de ghimbir, tocate

30 ml/2 linguri vin de orez sau sherry uscat

15 ml/1 lingura sos de soia

10 ml/2 lingurite ulei de susan

Frecați fileurile de eglefin cu pudră de cinci condimente și sare. Se încălzește uleiul și se prăjește peștele până se rumenește ușor pe ambele părți, apoi se scoate din tigaie. Adăugați usturoiul, ghimbirul, vinul sau sherry, sosul de soia și uleiul de susan și gătiți timp de 1 minut. Puneți peștele înapoi în tigaie și lăsați-l să fiarbă la foc mic până când peștele este fraged.

Eglefin cu usturoi

Porti 4

450 g/1 lb file de eglefin
5 ml / 1 linguriță sare
30 ml/2 linguri faina de porumb (amidon de porumb)
60 ml/4 linguri ulei de arahide
6 catei de usturoi
2 felii de rădăcină de ghimbir, zdrobite
45 ml/3 linguri apă
30 ml/2 linguri sos de soia
15 ml/1 lingură sos de fasole galbenă
15 ml/1 lingură vin de orez sau sherry uscat
15 ml/1 lingură zahăr brun

Stropiți eglefinul cu sare și stropiți cu făină de porumb. Se încălzește uleiul și se prăjește peștele până se rumenește pe ambele părți, apoi se scoate din tigaie. Adăugați usturoiul și ghimbirul și gătiți timp de 1 minut. Adăugați restul ingredientelor, aduceți la fiert, acoperiți și fierbeți timp de 5 minute. Peștele se pune înapoi în tigaie, se acoperă și se fierbe până se înmoaie.

Pește cu condimente iute

Porti 4

450g/1lb file de eglefin, tocate
Suc de 1 lămâie
30 ml/2 linguri sos de soia
30 ml/2 linguri sos de stridii
15 ml/1 lingură coajă de lămâie rasă
un praf de ghimbir macinat
sare si piper
2 albusuri
45 ml/3 linguri faina de porumb (amidon de porumb)
6 ciuperci chinezești uscate
ulei pentru prajit
5 cepe (cepe), tăiate fâșii
1 tulpină de țelină, tăiată fâșii
100 g/4 oz muguri de bambus, tăiați în fâșii
250 ml/8 fl oz/1 cană supă de pui
5 ml/1 linguriță pudră de cinci condimente

Puneți peștele într-un castron și stropiți cu suc de lămâie. Amestecați sosul de soia, sosul de stridii, coaja de lămâie, ghimbirul, sare, piper, albușurile de ou și toate, cu excepția 5 ml/1 linguriță de făină de porumb. Părăsi

marinati 2 ore, amestecand din cand in cand. Înmuiați ciupercile în apă caldă timp de 30 de minute și scurgeți-le. Aruncați tulpinile și tăiați capacele. Se incinge uleiul si se prajeste pestele cateva minute pana devine auriu. Scoateți din tigaie. Adăugați legumele și gătiți până când sunt moale, dar încă crocante. Se toarnă uleiul. Amestecați bulionul de pui cu restul de mălai, adăugați legumele și aduceți la fiert. Puneți peștele înapoi în tigaie, asezonați cu pudră de cinci condimente și încălziți înainte de servire.

Ginger Haddock cu Pak Soi

Porti 4

450 g/1 lb file de eglefin
sare si piper
Pachet de 225 g/8 oz soia
30 ml/2 linguri ulei de arahide
1 felie radacina de ghimbir, tocata
1 ceapa, tocata
2 ardei iute roșu uscat
5 ml/1 linguriță miere
10 ml/2 lingurite ketchup de roșii (catsup)
10 ml/2 lingurițe oțet de malț
30 ml/2 linguri vin alb sec
10 ml/2 lingurite sos de soia
10 ml/2 lingurite sos de peste
10 ml/2 lingurite sos de stridii
5 ml/1 linguriță pastă de creveți

Decojiți pielea de eglefin și apoi tăiați în bucăți de 2 cm/¬æ. Se presara peste sare si piper. Tăiați varza în bucăți mici. Încălziți uleiul și prăjiți ghimbirul și ceapa timp de 1 minut. Adăugați varza și chilli și gătiți timp de 30 de secunde. Adăugați miere, roșii

ketchup, oțet și vin. Adăugați eglefinul și fierbeți timp de 2 minute. Amestecați soia de soia, peștele și stridiile și pasta de creveți și fierbeți până când eglefinul este gătit.

Impletituri de casa

Porti 4

450g/1lb file de eglefin, decojite

sare

5 ml/1 linguriță pudră de cinci condimente

Suc de 2 lămâi

5 ml/1 linguriță de anason, măcinată

5 ml/1 lingurita piper proaspat macinat

30 ml/2 linguri sos de soia

30 ml/2 linguri sos de stridii

15 ml/1 lingură miere

60 ml/4 linguri arpagic tocat

8.-10 frunze de spanac

45 ml/3 linguri otet de vin

Tăiați peștele în fâșii lungi și subțiri și modelați în codițe, stropiți cu sare, pudră de cinci condimente și zeamă de lămâie și puneți într-un castron. Amestecați anasonul, ardeiul, sosul de soia, sosul de stridii, mierea și arpagicul, turnați peste pește și lăsați la marinat cel puțin 30 de minute. Tapetați coșul pentru aburi cu frunze de spanac, puneți împletiturile deasupra, acoperiți și fierbeți ușor peste apă clocotită cu oțet timp de aproximativ 25 de minute.

Rulouri de pește la abur

Porti 4

450 g/1 lb file de eglefin, decojite și tăiate cubulețe
Suc de 1 lămâie
30 ml/2 linguri sos de soia
30 ml/2 linguri sos de stridii
30 ml/2 linguri sos de prune
5 ml/1 linguriță vin de orez sau sherry uscat
sare si piper
6 ciuperci chinezești uscate
100 g/4 oz fasole
100 g/4 oz mazăre verde
50 g/2 oz/¬Ω cană nuci, tocate
1 ou, batut
30 ml/2 linguri faina de porumb (amidon de porumb)
225g/8oz varză chinezească, albită

Puneți peștele într-un castron. Amestecați sucul de lămâie, soia de soia, stridiile și prune, vinul sau sherry și sare și piper. Se toarna peste peste si se lasa la marinat 30 de minute. Adăugați legumele, nucile, ouăle și făina de porumb și amestecați bine. Așezați 3 frunze chinezești una peste alta, puneți o parte din amestecul de pește deasupra

și se rostogolește. Continuați până când sunt folosite toate ingredientele. Așezați rulourile într-un coș de aburi, acoperiți și gătiți ușor peste apă clocotită timp de 30 de minute.

Halibut cu sos de rosii

Porti 4

450 g/1 lb file de halibut

sare

15 ml/1 lingură sos de fasole neagră

1 căţel de usturoi, zdrobit

2 cepe (cepe), tocate

2 felii de rădăcină de ghimbir, tocate

15 ml/1 lingură vin de orez sau sherry uscat

15 ml/1 lingura sos de soia

200g/7oz roşii conservate, scurse

30 ml/2 linguri ulei de arahide

Stropiţi halibutul din belşug cu sare şi lăsaţi-l să stea 1 oră. Clătiţi de sare şi uscaţi. Puneţi peştele într-un bol rezistent la cuptor şi presăraţi peste sos de fasole neagră, usturoi, ceapă, ghimbir, vin sau sherry, sos de soia şi roşii. Pune vasul în cuptorul cu abur pe un gratar, acoperă cu un capac şi găteşte la abur timp de 20 de minute peste apă clocotită până când peştele este fiert. Se încălzeşte uleiul până aproape că fumează şi se stropeşte peste peşte înainte de servire.

Monkfish cu broccoli

Porti 4

450g/1lb biban de mare, tăiat cubulețe
sare si piper
45 ml/3 linguri ulei de arahide
50g/2oz ciuperci, feliate
1 morcov mic, tăiat fâșii
1 cățel de usturoi, zdrobit
2 felii de rădăcină de ghimbir, tocate
45 ml/3 linguri apă
275 g/10 oz buchete de broccoli
5 ml/1 lingurita zahar
5 ml/1 lingurita faina de porumb (amidon de porumb)
45 ml/3 linguri apă

Asezonați bine șoarecele inimă cu sare și piper. Se încălzesc 30 ml/2 linguri de ulei și se prăjesc mocheta, ciupercile, morcovul, usturoiul și ghimbirul până se rumenesc ușor. Adaugă apă și continuă să fiarbă neacoperit la foc mic. Între timp, se fierbe broccoli în apă clocotită până când se înmoaie, apoi se scurge bine. Se încălzește uleiul rămas și se prăjește broccoli și zahărul cu un praf de sare până când broccoli este bine acoperit cu ulei. Așezați în jur încălzit

farfurie de servire. Se amestecă făina de porumb și apa într-o pastă, se amestecă peștele și se fierbe, amestecând, până se îngroașă sosul. Se toarnă peste broccoli și se servește imediat.

Mollet cu sos gros de soia

Porti 4

1 barbun

ulei pentru prajit

30 ml/2 linguri ulei de arahide

2 ceai (cei), feliați

2 felii de rădăcină de ghimbir, tocate

1 ardei iute rosu, tocat

250 ml/8 fl oz/1 cană bulion de pește

15 ml/1 lingură sos de soia gros

15 ml/1 lingură alb proaspăt măcinat

piper

15 ml/1 lingură vin de orez sau sherry uscat

Tăiați peștele și tăiați-l în diagonală pe ambele părți. Se încălzește uleiul și se prăjește peștele până se fierbe pe jumătate. Scoateți din ulei și scurgeți bine. Se încălzește uleiul și se prăjește ceapa, ghimbirul și ardeiul iute timp de 1 minut. Adăugați restul ingredientelor, amestecați bine și aduceți la fiert. Adăugați peștele și fierbeți, neacoperit, până când peștele este fiert și lichidul aproape s-a evaporat.

Pește de lac Lääne

Porti 4

1 chefal
30 ml/2 linguri ulei de arahide
4 ceai (cei), tocate
1 ardei iute rosu, tocat
4 felii rădăcină de ghimbir, tocate
45 ml/3 linguri zahăr brun
30 ml/2 linguri otet de vin rosu
30 ml/2 linguri apă
30 ml/2 linguri sos de soia
piper proaspăt măcinat

Curățați și tăiați peștele și faceți 2 sau 3 tăieturi în diagonală pe fiecare parte. Încinge uleiul și prăjește jumătate de ceapă, ardei iute și ghimbir timp de 30 de secunde. Adăugați peștele și gătiți până se rumenește ușor pe ambele părți. Adaugati zaharul, otetul de vin, apa, sosul de soia si piperul, aduceti la fiert, acoperiti si fierbeti aproximativ 20 de minute, pana cand pestele este fiert si sosul s-a redus. Se serveste ornat cu ceapa ramasa.

Fructe de mare prajite

Porti 4

4 file de căptuşeală
sare si piper proaspat macinat
30 ml/2 linguri ulei de arahide
1 felie radacina de ghimbir, tocata
1 căţel de usturoi, zdrobit
frunze de salata

Asezonaţi generos fructele de mare cu sare şi piper. Încinge uleiul şi prăjeşte ghimbirul şi usturoiul timp de 20 de secunde. Adăugaţi peştele şi gătiţi până când este fiert şi devine maro auriu. Se scurge bine si se serveste pe un pat de salata.

Fructe de mare la abur cu ciuperci chinezești

Porti 4

4 ciuperci chinezești uscate
450g/1lb file de halibut, tăiate cubulețe
1 cățel de usturoi, zdrobit
1 felie radacina de ghimbir, tocata
15 ml/1 lingura sos de soia
15 ml/1 lingură vin de orez sau sherry uscat
5 ml/1 lingurita zahar brun
350 g/12 oz orez cu bob lung gătit

Înmuiați ciupercile în apă caldă timp de 30 de minute și scurgeți-le. Aruncați tulpinile și tăiați capacele. Se amestecă cu căptușeală, usturoi, ghimbir, sos de soia, vin sau sherry și zahăr, se acoperă cu un capac și se lasă la marinat 1 oră. Pune orezul în vasul cu abur și pune pestele deasupra. Se fierbe la abur aproximativ 30 de minute până când peștele este fiert.

Biban de mare cu usturoi

Porti 4

350 g/12 oz file de căptușeală

sare

45 ml/3 linguri faina de porumb (amidon de porumb)

1 ou, batut

60 ml/4 linguri ulei de arahide

3 catei de usturoi, tocati

4 cepe (cepe), tocate

15 ml/1 lingură vin de orez sau sherry uscat

5 ml/1 linguriță ulei de susan

Se decojește pielea de căptușeală și se taie fâșii. Se presară cu sare și se lasă 20 de minute. Se presară peștele cu făină de porumb și apoi se scufundă în ou. Încinge uleiul și prăjește fâșiile de pește timp de aproximativ 4 minute până devin maro auriu. Scoatem din tava si scurgem pe hartie de bucatarie. Se toarnă tot, cu excepția 5 ml/1 linguriță de ulei din tigaie și se adaugă restul ingredientelor. Aduceți la fiert în timp ce amestecați și gătiți timp de 3 minute. Se toarna peste peste si se serveste imediat.

Biban de mare cu sos de ananas

Porti 4

450 g/1 lb file de halibut
5 ml / 1 linguriță sare
30 ml/2 linguri sos de soia
200 g/7 oz bucăți de ananas conservate
2 ouă, bătute
100 g/4 oz/¬Ω cană făină de porumb (amidon de porumb)
ulei pentru prajit
30 ml/2 linguri apă
5 ml/1 linguriță ulei de susan

Tăiați algele în fâșii și puneți-le într-un castron. Se presara peste sare, sos de soia si 30 ml/2 linguri suc de ananas si se lasa 10 minute. Bateți ouăle cu 45 ml/3 linguri de mălai într-un aluat și înmuiați peștele în aluat. Încinge uleiul și prăjește peștele până se rumenește. Se toarnă peste ardeiul cayenne. Turnați sucul de ananas rămas într-o cratiță mică. Se amestecă 30 ml/2 linguri de făină de porumb cu apă și se amestecă în oală. Se aduce la fierbere și se fierbe, amestecând, până se îngroașă. Adăugați jumătate din bucățile de ananas și încălziți. Chiar înainte de servire, amestecați uleiul de susan. Întindeți peștele fiert pe partea încălzită

pe o farfurie si se orneaza cu ananasul rezervat. Se toarnă peste sosul iute și se servește imediat.

Somon cu tofu

Porti 4

120 ml/4 fl oz/¬Ω cană ulei de arahide
450 g/1 lb tofu, tăiat cubulețe
2,5 ml/¬Ω linguriță ulei de susan
100 g/4 oz file de somon, tocat
un praf de sos chili
250 ml/8 fl oz/1 cană bulion de pește
15 ml/1 lingură făină de porumb (amidon de porumb)
45 ml/3 linguri apă
2 cepe (cepe), tocate

Încinge uleiul și prăjește tofu până se rumenește ușor. Scoateți din tigaie. Se încălzește din nou uleiul și uleiul de susan și se prăjește sosul de somon chili timp de 1 minut. Adăugați bulionul, aduceți la fiert și puneți tofu-ul înapoi în tigaie. Se fierbe, neacoperit, până când ingredientele sunt fierte și lichidul s-a redus. Se amestecă făina de porumb și apa într-o pastă. Se amestecă puțin câte puțin și se lasă să fiarbă amestecând până când amestecul se îngroașă. Odată ce ați lăsat lichidul să se reducă, este posibil să nu aveți nevoie de toată pasta de porumb.

Transferați într-un vas de servire încălzit și stropiți cu ceapă primăvară.

Pește marinat prăjit

Porti 4

450g/1lb șprot sau alt pește mic, curățat
3 felii de rădăcină de ghimbir, tocate
120 ml/4 fl oz/¬Ω cană sos de soia
15 ml/1 lingură vin de orez sau sherry uscat
1 cuișoare de anason stelat
ulei pentru prajit
15 ml/1 lingura ulei de susan

Puneți peștele într-un castron. Se amestecă ghimbirul, sosul de soia, vinul sau sherry și anasonul, se toarnă peste pește și se lasă timp de 1 oră, întorcându-le din când în când. Scurgeți peștele, aruncați marinada. Se incinge uleiul si se prajeste pestele in loturi pana devine crocant si auriu. Se scurge pe hartie de bucatarie si se serveste stropite cu ulei de susan.

Pastrav cu morcovi

Porti 4

15 ml/1 lingura ulei de arahide
1 căţel de usturoi, zdrobit
1 felie radacina de ghimbir, tocata
4 păstrăvi
2 morcovi, tăiaţi fâşii
25 g/1 oz muguri de bambus tăiaţi în fâşii
25 g/1 oz castane de apă, tăiate fâşii
15 ml/1 lingura sos de soia
15 ml/1 lingură vin de orez sau sherry uscat

Se incinge uleiul si se prajesc usturoiul si ghimbirul pana se rumenesc usor. Adăugaţi peştele, acoperiţi şi gătiţi până când peştele devine opac. Adăugaţi morcovii, mugurii de bambus, castanele, sosul de soia şi vinul sau sherry, amestecaţi bine, acoperiţi şi fierbeţi timp de aproximativ 5 minute.

Păstrăv prăjit

Porti 4

4 pastravi, curatati si cu pene
2 ouă, bătute
50 g/2 oz/¬Ω cană făină simplă (universală).
ulei pentru prajit
1 lămâie, tăiată felii

Tăiați peștele în diagonală de câteva ori pe ambele părți. Se scufundă în ouăle bătute și apoi se amestecă făina pentru a se acoperi complet. Scuturați excesul. Încinge uleiul și prăjește peștele aproximativ 10-15 minute până este fiert. Se scurge pe hartie de bucatarie si se serveste cu lamaie.

Pastrav cu sos de lamaie

Porti 4

450 ml/¬œ pt/2 cesti supa de pui

5 cm/2 în coajă pătrată de lămâie

150 ml / ¬° pt / ¬Ω cană generoasă de suc de lămâie

90 ml/6 linguri zahăr brun

2 felii de rădăcină de ghimbir, tăiate fâşii

30 ml/2 linguri faina de porumb (amidon de porumb)

4 păstrăvi

375 g/12 oz/3 căni de făină simplă (universală).

175 ml/6 fl oz/¬œ cană de apă

ulei pentru prajit

2 albusuri

8 cepe de primăvară (cepe), tăiate subţiri

Pentru a pregăti sosul, amestecați bulionul, coaja şi zeama de lămâie, zahărul şi 5 minute. Se ia de pe foc, se scurge si se pune la loc in tigaie. Se amestecă făina de porumb cu puțină apă şi apoi se amestecă în oală. Se fierbe timp de 5 minute, amestecând des. Se ia de pe foc si se tine sosul cald.

Ungeți ușor peștele cu făină pe ambele părți. Făina rămasă se bate cu apă și 10 ml/2 lingurițe ulei până se omogenizează. Bate albusurile spuma pana devin tari, dar nu uscate si amesteca in aluat. Încinge uleiul rămas. Înmuiați peștele în aluat, astfel încât peștele să fie complet acoperit. Prăjiți peștele pentru aprox. 10 minute, întorcându-ne o dată, până când sunt fierte și aurii. Scurgeți pe hârtie de bucătărie. Aranjați peștele pe o farfurie de servire încălzită. Amestecați ceapa primăvară în sosul iute, turnați peste pește și serviți imediat.

ton chinezesc

Porti 4

30 ml/2 linguri ulei de arahide

1 ceapa, tocata

200 g/7 oz conserva de ton, scurs și fulgi

2 tulpini de telina, tocate

100g/4oz ciuperci, tocate

1 ardei gras verde, tocat

250 ml/8 fl oz/1 cană bulion

30 ml/2 linguri sos de soia

100 g taitei fini cu ou

sare

15 ml/1 lingură făină de porumb (amidon de porumb)

45 ml/3 linguri apă

Se incinge uleiul si se caleste ceapa pana se inmoaie. Se adauga tonul si se amesteca pana se imbraca bine cu ulei. Adăugați țelina, ciupercile și ardeiul și gătiți timp de 2 minute. Adăugați bulion și sos de soia, aduceți la fierbere, acoperiți și fierbeți timp de 15 minute. Între timp, fierbeți tăițeii în apă clocotită cu sare timp de cca. 5 minute până se înmoaie, apoi se scurge bine și se transferă într-un vas de servire încălzit.

farfurie. Amestecați făina de porumb și apa, amestecați amestecul în sosul de ton și lăsați-l să fiarbă, amestecând, până când sosul se limpezește și se îngroașă.

Fripturi de pește marinate

Porti 4

4 fripturi de merlan sau eglefin
2 catei de usturoi, macinati
2 felii de rădăcină de ghimbir, zdrobite
3 cepe (cepe), tocate
15 ml/1 lingură vin de orez sau sherry uscat
15 ml/1 lingura otet de vin
sare si piper proaspat macinat
45 ml/3 linguri ulei de arahide

Puneți peștele într-un castron. Se amesteca usturoiul, ghimbirul, ceapa primavara, vinul sau sherry, otetul de vin, sare si piper, se toarna peste peste, se acopera cu un capac si se lasa la marinat cateva ore. Scoateți peștele din marinadă. Se încălzește uleiul și se prăjește peștele până se rumenește pe ambele părți, apoi se scoate din tigaie. Adăugați marinada în tigaie, aduceți la fierbere, întoarceți peștele în tigaie și fierbeți până când este fiert.

Creveți cu migdale

Porti 4

100 g migdale
225 g/8 oz creveți mari cu coajă
2 felii de rădăcină de ghimbir, tocate
15 ml/1 lingură făină de porumb (amidon de porumb)
2,5 ml/¬Ω linguriță de sare
30 ml/2 linguri ulei de arahide
2 catei de usturoi
2 tulpini de telina, tocate
5 ml/1 linguriță sos de soia
5 ml/1 linguriță vin de orez sau sherry uscat
30 ml/2 linguri apă

Prăjiți migdalele într-o tigaie uscată pană se rumenesc ușor și lăsați deoparte. Curățați creveții, lăsați coada și tăiați coada în jumătate pe lungime. Se amestecă cu ghimbir, mălai și sare. Se încălzește uleiul și se prăjește usturoiul până se rumenește ușor, apoi se aruncă usturoiul. Adăugați țelina, sosul de soia, vinul sau sherry și apă în tigaie și aduceți la fierbere. Adăugați creveții și gătiți până se încălzesc. Se serveste presarata cu migdale prajite.

Creveți anason

Porti 4

45 ml/3 linguri ulei de arahide
15 ml/1 lingura sos de soia
5 ml/1 lingurita zahar
120 ml/4 fl oz/¬Ω cană de stoc de peşte
un praf de anason macinat
450 g/1 lb creveți cu coajă

Se încălzeşte uleiul, se adaugă sosul de soia, zahărul, bulionul şi anasonul şi se încălzeşte până la fierbere. Adăugați creveții şi fierbeți câteva minute până când sunt încălziți şi asezonați.

Creveți cu sparanghel

Porti 4

450g/1lb sparanghel, tăiat în bucăți
45 ml/3 linguri ulei de arahide
2 felii de rădăcină de ghimbir, tocate
15 ml/1 lingura sos de soia
15 ml/1 lingură vin de orez sau sherry uscat
5 ml/1 lingurita zahar
2,5 ml/¬Ω linguriță de sare
225 g/8 oz creveți cu coajă

Se albesc sparanghelul in apa clocotita timp de 2 minute, apoi se scurg bine. Încinge uleiul și prăjește ghimbirul pentru câteva secunde. Se adauga sparanghelul si se amesteca pana se imbraca bine cu ulei. Adăugați sos de soia, vin sau sherry, zahăr și sare și încălziți. Adaugam crevetii si amestecam la foc mic pana sparanghelul devine moale.

Creveți cu bacon

Porti 4

450 g/1 lb creveți mari necurățați
100 g slănină
1 ou, putin batut
2,5 ml/½ linguriță de sare
15 ml/1 lingura sos de soia
50 g/2 oz/½ cană făină de porumb (amidon de porumb)
ulei pentru prajit

Curățați creveții, lăsând cozile intacte. Tăiați în jumătate pe lungime până la coadă. Tăiați slănina în pătrate mici. Apăsați o bucată de slănină în centrul fiecărui creveți și apăsați cele două jumătăți împreună. Bateți oul cu sare și sosul de soia. Înmuiați creveții în ou și apoi stropiți cu mălai. Se incinge uleiul si se prajesc crevetii pana devin crocante si aurii.

Biluțe de creveți

Porti 4

3 ciuperci chinezești uscate
450g/1lb creveți, tocați mărunt
6 castane de apa, tocate marunt
1 ceapa primavara (ceapa), tocata marunt
1 felie radacina de ghimbir, tocata marunt
sare si piper proaspat macinat
2 ouă, bătute
15 ml/1 lingură făină de porumb (amidon de porumb)
50 g/2 oz/¬Ω cană făină simplă (universală).
ulei de arahide pentru prajit

Înmuiați ciupercile în apă caldă timp de 30 de minute și scurgeți-le. Aruncați tulpinile și tăiați mărunt capacele. Se amestecă cu creveți, castane de apă, ceapă și ghimbir și se condimentează cu sare și piper. Amestecați 1 ou și 5 ml/1 linguriță de făină de porumb în bile groase de mărimea unei lingurițe.

Se amestecă restul de ou, mălaiul și făina și se adaugă suficientă apă pentru a obține un aluat gros și neted. Rotiți bilele înăuntru aluat. Se încălzește uleiul și se prăjește câteva minute până devine maro deschis.

Creveți la grătar

Porti 4

450 g/1 lb creveți mari decojiti
100 g slănină
225g/8oz ficat de pui, feliat
1 cățel de usturoi, zdrobit
2 felii de rădăcină de ghimbir, tocate
30 ml/2 linguri zahăr
120 ml/4 fl oz/¬Ω cană sos de soia
sare si piper proaspat macinat

Tăiați creveții pe lungime pe spate fără a tăia drept și aplatizați-i puțin. Tăiați slănina în bucăți și puneți într-un bol cu creveții și ficatul de pui. Se amestecă restul ingredientelor, se toarnă peste creveți și se lasă 30 de minute. Trei creveti, bacon si ficat la frigarui si gratar sau gratar pentru aprox. 5 minute, întorcându-le des până când sunt gătite, și ungeți ocazional cu marinada.

Creveți cu muguri de bambus

Porti 4

60 ml/4 linguri ulei de arahide
1 catel de usturoi, tocat
1 felie radacina de ghimbir, tocata
450 g/1 lb creveți cu coajă
30 ml/2 linguri vin de orez sau sherry uscat
225 g/8 oz muguri de bambus
30 ml/2 linguri sos de soia
15 ml/1 lingură făină de porumb (amidon de porumb)
45 ml/3 linguri apă

Se incinge uleiul si se prajesc usturoiul si ghimbirul pana se rumenesc usor. Adăugați creveții și gătiți timp de 1 minut. Adăugați vin sau sherry și amestecați bine. Adăugați lăstarii de bambus și gătiți timp de 5 minute. Adăugați restul ingredientelor și gătiți timp de 2 minute.

Creveți cu muguri de fasole

Porti 4

4 ciuperci chinezești uscate
30 ml/2 linguri ulei de arahide
1 cățel de usturoi, zdrobit
225 g/8 oz creveți cu coajă
15 ml/1 lingură vin de orez sau sherry uscat
450 g / 1 lb fasole
120 ml/4 fl oz/¬Ω cană bulion de pui
15 ml/1 lingura sos de soia
15 ml/1 lingură făină de porumb (amidon de porumb)
sare si piper proaspat macinat
2 ceai (cei), tocate

Înmuiați ciupercile în apă caldă timp de 30 de minute și scurgeți-le. Aruncați tulpinile și tăiați capacele. Încinge uleiul și prăjește usturoiul până se rumenește ușor. Adăugați creveții și gătiți timp de 1 minut. Adăugați vin sau sherry și gătiți timp de 1 minut. Se amestecă ciupercile și mugurii de fasole. Amestecați bulionul, sosul de soia și făina de porumb și amestecați în oală. Aduceți la fierbere, apoi gătiți, amestecând, până când sosul se limpezește și se îngroașă. Asezonați cu sare și piper. Se serveste presarata cu ceapa.

Creveți cu sos de fasole neagră

Porti 4

30 ml/2 linguri ulei de arahide

5 ml / 1 linguriță sare

1 cățel de usturoi, zdrobit

45 ml/3 linguri sos de fasole neagră

1 ardei gras verde, tocat

1 ceapa, tocata

120 ml/4 fl oz/¬Ω cană de stoc de pește

5 ml/1 lingurita zahar

15 ml/1 lingura sos de soia

225 g/8 oz creveți cu coajă

15 ml/1 lingură făină de porumb (amidon de porumb)

45 ml/3 linguri apă

Încinge uleiul și prăjește sare, usturoi și sos de fasole neagră timp de 2 minute. Adăugați ardeiul și ceapa și gătiți timp de 2 minute. Adăugați bulionul, zahărul și sosul de soia și aduceți la fiert. Adăugați creveții și prăjiți timp de 2 minute. Amestecați făina de porumb și apa într-o pastă, adăugați în tigaie și fierbeți, amestecând, până când sosul se limpezește și se îngroașă.

Creveți cu țelină

Porti 4

45 ml/3 linguri ulei de arahide
3 felii de rădăcină de ghimbir, tocate
450 g/1 lb creveți cu coajă
5 ml / 1 linguriță sare
15 ml/1 lingură sherry
4 tulpini de telina, tocate
100g/4oz migdale, tocate

Se încălzește jumătate din ulei și se prăjește ghimbirul până se rumenește ușor. Adăugați creveții, sare și sherry și gătiți până se îmbracă bine în ulei, apoi scoateți din tigaie. Se încălzește uleiul rămas și se prăjește țelina și migdalele câteva minute până când țelina este moale, dar totuși crocantă. Întoarceți creveții în tigaie, amestecați bine și încălziți înainte de servire.

Creveți prăjiți cu pui

Porti 4

30 ml/2 linguri ulei de arahide

2 catei de usturoi, macinati

225g/8oz pui gătit, feliat subțire

100g/4oz muguri de bambus, feliați

100g/4oz ciuperci, feliate

75 ml/5 linguri supa de peste

225 g/8 oz creveți cu coajă

225 g/8 oz mangetout (mazăre de zăpadă)

15 ml/1 lingură făină de porumb (amidon de porumb)

45 ml/3 linguri apă

Încinge uleiul și prăjește usturoiul până se rumenește ușor. Adăugați puiul, lăstarii de bambus și ciupercile și gătiți până când sunt bine acoperite cu ulei. Adăugați bulion și aduceți la fierbere. Adăugați creveții și mangeout, acoperiți și fierbeți timp de 5 minute. Amestecați făina de porumb și apa într-o pastă, adăugați în tigaie și fierbeți, amestecând, până când sosul se limpezește și se îngroașă. Serviți imediat.

Creveți chilli

Porti 4

450 g/1 lb creveți cu coajă
1 albus de ou
10 ml/2 lingurițe de făină de porumb (amidon de porumb)
5 ml / 1 linguriță sare
60 ml/4 linguri ulei de arahide
25 g/1 oz ardei iute rosu uscat, tocat
1 cățel de usturoi, zdrobit
5 ml/1 lingurita piper proaspat macinat
15 ml/1 lingura sos de soia
5 ml/1 linguriță vin de orez sau sherry uscat
2,5 ml/¬Ω lingurita de zahar
2,5 ml/¬Ω lingurita otet de vin
2,5 ml/¬Ω linguriță ulei de susan

Puneți creveții într-un castron cu albuș, mălai și sare și lăsați la marinat 30 de minute. Încinge uleiul și prăjește ardeiul iute, usturoiul și ardeiul timp de 1 minut. Adăugați creveții și restul ingredientelor și gătiți câteva minute până când creveții sunt încălziți și ingredientele sunt bine amestecate.

Creveți Chop Suey

Porti 4

60 ml/4 linguri ulei de arahide
2 cepe (cepe), tocate
2 catei de usturoi, macinati
1 felie radacina de ghimbir, tocata
225 g/8 oz creveți cu coajă
100 g/4 oz mazăre congelată
100g/4oz ciuperci buton, tăiate la jumătate
30 ml/2 linguri sos de soia
15 ml/1 lingură vin de orez sau sherry uscat
5 ml/1 lingurita zahar
5 ml / 1 linguriță sare
15 ml/1 lingură făină de porumb (amidon de porumb)

Se încălzesc 45 ml/3 linguri de ulei și se prăjesc ceapa, usturoiul și ghimbirul până se rumenesc ușor. Adăugați creveții și gătiți timp de 1 minut. Scoateți din tigaie. Încingeți restul de ulei și prăjiți mazărea și ciupercile timp de 3 minute. Adăugați creveții, sosul de soia, vinul sau sherry, zahărul și sarea și gătiți timp de 2 minute. Se amestecă făina de porumb cu puțină apă, se adaugă în oală şi se fierbe, amestecând, până când sosul devine limpede şi se îngroaşă.

Creveţi Chow Mein

Porti 4

450 g/1 lb creveţi cu coajă
15 ml/1 lingură făină de porumb (amidon de porumb)
15 ml/1 lingura sos de soia
15 ml/1 lingură vin de orez sau sherry uscat
4 ciuperci chinezeşti uscate
30 ml/2 linguri ulei de arahide
5 ml / 1 linguriţă sare
1 felie radacina de ghimbir, tocata
100g/4oz varză chinezească, feliată
100g/4oz muguri de bambus, feliaţi
Taitei moi prajiti

Amestecaţi creveţii cu făina de porumb, sosul de soia şi vinul sau sherry şi lăsaţi amestecând din când în când. Înmuiaţi ciupercile în apă caldă timp de 30 de minute şi scurgeţi-le. Aruncaţi tulpinile şi tăiaţi capacele. Încinge uleiul şi prăjeşte în sare şi ghimbir timp de 1 minut. Adăugaţi varza şi mugurii de bambus şi amestecați până când sunt acoperite cu ulei. Acoperiți și fierbeți timp de 2 minute. Amestecați creveții și marinata și gătiți timp de 3 minute. Amestecați tăițeii scurți și încălziți înainte de servire.

Creveți cu dovleac și litchi

Porti 4

12 creveți giganți

sare si piper

10 ml/2 lingurite sos de soia

10 ml/2 lingurițe de făină de porumb (amidon de porumb)

15 ml/1 lingura ulei de arahide

4 catei de usturoi, macinati

2 ardei iute roșii, tocați

225 g/8 oz dovlecel (dovlecel), tocat

2 cepe (cepe), tocate

12 litchi, cu pietre

120 ml/4 fl oz/¬Ω cană cremă de nucă de cocos

10 ml/2 lingurițe pudră de curry ușor

5 ml/1 lingurita sos de peste

Curățați creveții, lăsând coada. Se stropesc cu sare, piper si sos de soia, apoi se presara cu faina de porumb. Încinge uleiul și prăjește usturoiul, ardeiul iute și creveții timp de 1 minut. Adăugați dovleceii, ceapa și litchiul și gătiți timp de 1 minut. Scoateți din tigaie. Se toarnă crema de cocos în tigaie, se aduce la fierbere și se fierbe timp de 2 minute până se îngroașă. Se amestecă curry

pudra si sos de peste si asezoneaza cu sare si piper. Întoarceți creveții și legumele în sos pentru a se încălzi înainte de servire.

Creveți cu crab

Porti 4

45 ml/3 linguri ulei de arahide
3 cepe (cepe), tocate
1 rădăcină de ghimbir feliată, tocată
225 g/8 oz carne de crab
15 ml/1 lingură vin de orez sau sherry uscat
30 ml/2 linguri supa de pui sau peste
15 ml/1 lingura sos de soia
5 ml/1 lingurita zahar brun
5 ml/1 linguriță oțet de vin
piper proaspăt măcinat
10 ml/2 lingurițe de făină de porumb (amidon de porumb)
225 g/8 oz creveți cu coajă

Se încălzesc 30 ml/2 linguri de ulei şi se prăjesc ceapa şi ghimbirul până se rumenesc uşor. Adăugați carnea de crab şi gătiți timp de 2 minute. Adăugați vin sau sherry, bulion, sos de soia, zahăr şi oțet şi asezonați cu piper. Se prăjește timp de 3 minute. Se amestecă făina de porumb cu puțină apă şi se amestecă în sos. Lasam sa fiarba amestecand pana se ingroasa sosul. În același timp, încălziți restul de ulei într-o tigaie separată și prăjiți de câteva ori creveții

minute până se încălzește. Întindeți amestecul de crabi pe un platou de servire încălzit și acoperiți cu creveții.

Creveți cu castraveți

Porti 4

225 g/8 oz creveți cu coajă
sare si piper proaspat macinat
15 ml/1 lingură făină de porumb (amidon de porumb)
1 castravete
45 ml/3 linguri ulei de arahide
2 catei de usturoi, macinati
1 ceapa, tocata marunt
15 ml/1 lingură vin de orez sau sherry uscat
2 felii de rădăcină de ghimbir, tocate

Asezonați creveții cu sare și piper și presărați peste mălai. Curățați și sămânțați castraveții și tăiați-l în felii groase. Se incinge jumatate din ulei si se calesc usturoiul si ceapa pana se rumenesc usor. Adăugați creveții și sherry și gătiți timp de 2 minute, apoi scoateți ingredientele din tigaie. Încinge uleiul rămas și prăjește ghimbirul timp de 1 minut. Adăugați castravetele și gătiți timp de 2 minute. Întoarceți amestecul de creveți în tigaie și gătiți până se amestecă bine și se încălzește.

curry de creveți

Porti 4

45 ml/3 linguri ulei de arahide

4 ceai (cei), feliați

30 ml/2 linguri praf de curry

2,5 ml/¬Ω linguriță de sare

120 ml/4 fl oz/¬Ω cană bulion de pui

450 g/1 lb creveți cu coajă

Se încălzește uleiul și se prăjește ceapa timp de 30 de secunde. Adăugați curry și sare și gătiți timp de 1 minut. Se adaugă bulionul, se aduce la fierbere și se fierbe timp de 2 minute, amestecând. Adăugați creveții și încălziți-i ușor.

Curry de creveți și ciuperci

Porti 4

5 ml/1 linguriță sos de soia
5 ml/1 linguriță vin de orez sau sherry uscat
225 g/8 oz creveți cu coajă
30 ml/2 linguri ulei de arahide
2 catei de usturoi, macinati
1 felie radacina de ghimbir, tocata marunt
1 ceapă, feliată
100 g/4 oz ciuperci buton
100 g mazăre proaspătă sau congelată
15 ml/1 lingură pudră de curry
15 ml/1 lingură făină de porumb (amidon de porumb)
150 ml/¬° pt/curs ¬Ω cană supă de pui

Amestecați sosul de soia, vinul sau sherry și creveții. Se încălzește ulei cu usturoi și ghimbir și se prăjește până se rumenește ușor. Adăugați ceapa, ciupercile și mazărea și gătiți timp de 2 minute. Adăugați curry și făina de porumb și gătiți timp de 2 minute. Se adauga putin cate putin bulion, se aduce la fiert, se acopera cu un capac si se fierbe 5 minute, amestecand din cand in cand. Adăugați creveții și marinata, acoperiți și fierbeți timp de 2 minute.

Creveți prăjiți

Porti 4

450 g/1 lb creveți cu coajă
30 ml/2 linguri vin de orez sau sherry uscat
5 ml / 1 linguriță sare
ulei pentru prajit
sos de soia

Se aruncă creveții în vin sau sherry și se stropesc cu sare. Se lasa 15 minute, apoi se scurge si se usuca. Se incinge uleiul si se prajesc crevetii cateva secunde pana devin crocante. Se serveste stropita cu sos de soia.

Creveți prăjiți

Porti 4

50 g/2 oz/¬Ω cană făină simplă (universală).
2,5 ml/¬Ω linguriță de sare
1 ou, putin batut
30 ml/2 linguri apă
450 g/1 lb creveți cu coajă
ulei pentru prajit

Bateți făina, sarea, oul și apa într-un aluat, adăugând puțină apă dacă este necesar. Se amestecă cu creveți până se îmbracă bine. Se incinge uleiul si se prajesc crevetii cateva minute pana devin crocante si aurii.

Biluțe de creveți cu sos de roșii

Porti 4

900 g/2 lb creveți decojiți

450g/1lb tocat (măcinat) cod

4 oua, batute

50 g/2 oz/¬Ω cană făină de porumb (amidon de porumb)

2 catei de usturoi, macinati

30 ml/2 linguri sos de soia

15 ml/1 lingura de zahar

15 ml/1 lingura ulei de arahide

Pentru sos:

30 ml/2 linguri ulei de arahide

100g/4oz ceapă tocată (ceapă).

100g/4oz ciuperci, tocate

100 g sunca taiata cubulete

2 tulpini de telina, tocate

200g/7oz roșii, curățate și tăiate cubulețe

300 ml/¬Ω pt/1¬° cană de apă

sare si piper proaspat macinat

15 ml/1 lingură făină de porumb (amidon de porumb)

Creveții se toacă mărunt și se amestecă cu codul. Amestecați ouăle, făina de porumb, usturoiul, sosul de soia, zahărul și uleiul. Fierbeți o oală mare cu apă și aruncați linguri de amestec în oală. Se aduce din nou la fierbere și se fierbe câteva minute până când găluștele plutesc la suprafață. Scurgeți bine. Pentru a pregăti sosul, încălziți uleiul și prăjiți ceapa până se înmoaie, dar nu se rumenește. Adaugati ciupercile si gatiti 1 minut, apoi adaugati sunca, telina si rosiile si gatiti 1 minut. Se adauga apa, se lasa sa fiarba si se condimenteaza cu sare si piper. Acoperiți și fierbeți timp de 10 minute, amestecând din când în când. Se amestecă făina de porumb cu puțină apă și se amestecă în sos. Se fierbe câteva minute, amestecând, până când sosul se limpezește și se îngroașă. Serviți cu găluște.

Creveți și cupe de ouă

Porti 4

15 ml/1 lingura ulei de susan
8 creveți decojiți
1 ardei iute rosu, tocat
2 cepe (cepe), tocate
30 ml/2 linguri de abalone tocat (optional)
8 oua
15 ml/1 lingura sos de soia
sare si piper proaspat macinat
câteva crengute de pătrunjel cu frunze plate

Folosește ulei de susan pentru a unge 8 rame. Puneți câte un creveți în fiecare fel de mâncare, împreună cu niște chilli, ceapă și abalone, dacă folosiți. Sparge câte un ou în fiecare bol și asezonează cu sos de soia, sare și piper. Așezați ramekins pe o foaie de copt și coaceți în cuptorul preîncălzit la 200°C/400°F/gaz 6 timp de aproximativ 15 minute, până când ouăle se întăresc și sunt ușor crocante deasupra. Transferați-le cu atenție într-un vas de servire încălzit și ornat cu pătrunjel.

Rulouri cu ouă cu creveți

Porti 4

225 g/8 oz fasole

30 ml/2 linguri ulei de arahide

4 tulpini de telina, tocate

100g/4oz ciuperci, tocate

225 g/8 oz creveți cu coajă, tăiați cubulețe

15 ml/1 lingură vin de orez sau sherry uscat

2,5 ml/¬Ω linguriță de făină de porumb (amidon de porumb)

2,5 ml/¬Ω linguriță de sare

2,5 ml/¬Ω lingurita de zahar

12 rulouri de ouă

1 ou, batut

ulei pentru prajit

Se fierbe fasolea timp de 2 minute in apa clocotita si se scurge. Se încălzește uleiul și se amestecă țelina timp de 1 minut. Adăugați ciupercile și gătiți timp de 1 minut. Adăugați creveții, vinul sau sherry, mălaiul, sarea și zahărul și gătiți timp de 2 minute. Lasa sa se raceasca.

Puneți niște umplutură în centrul fiecărei coaje și ungeți marginile cu ou bătut. Îndoiți marginile și rulați rulada de ouă departe de dvs., sigilând marginile cu ou. Încinge uleiul și prăjește până se rumenește.

Creveți în stilul Orientului Îndepărtat

Porti 4

16, 20 de creveți giganți decojiți
Suc de 1 lămâie
120 ml/4 fl oz/¬Ω cană de vin alb uscat
30 ml/2 linguri sos de soia
30 ml/2 linguri miere
15 ml/1 lingură coajă de lămâie rasă
sare si piper
45 ml/3 linguri ulei de arahide
1 catel de usturoi, tocat
6 cepe (cepe), tăiate fâșii
2 morcovi, tăiați fâșii
5 ml/1 linguriță pudră de cinci condimente
5 ml/1 lingurita faina de porumb (amidon de porumb)

Se amestecă creveții cu sucul de lămâie, vinul, sosul de soia, mierea și coaja de lămâie și se condimentează cu sare și piper. Acoperiți și marinați timp de 1 oră. Încinge uleiul și prăjește usturoiul până se rumenește ușor. Adăugați legumele și gătiți până când sunt moale, dar încă crocante. Scurgeți creveții, puneți în tigaie și fierbeți timp de 2 minute. Presiune marinată și amestecați-o cu praf de cinci condimente și făină de porumb. Adăugați wok-ul, amestecați bine și aduceți la fierbere.

Creveți Foo Yung

Porti 4

6 oua, batute

45 ml/3 linguri faina de porumb (amidon de porumb)

225 g/8 oz creveți cu coajă

100g/4oz ciuperci, feliate

5 ml / 1 linguriță sare

2 cepe (cepe), tocate

45 ml/3 linguri ulei de arahide

Bateți ouăle și apoi amestecați în făina de porumb. Adăugați toate ingredientele rămase, cu excepția uleiului. Se încălzește uleiul și se toarnă amestecul puțin câte una într-o tigaie pentru a forma clătite de aproximativ 7,5 cm/3 în diametru. Gatiti pana cand fundul este maro auriu, apoi intoarceti si rumeniti cealalta parte.

Cartofi prăjiți cu creveți

Porti 4

12 creveți mari nefierți

1 ou, batut

30 ml/2 linguri faina de porumb (amidon de porumb)

putina sare

un praf de piper

3 felii de pâine

1 gălbenuș de ou fiert tare (fiert tare), tocat

25g/1oz sunca fiarta, tocata

1 ceapa (ceapa), tocata

ulei pentru prajit

Scoateți cojile și coastele din spate de pe creveți, lăsând cozile intacte. Tăiați spatele creveților cu un cuțit ascuțit și aplatizați-i cu grijă. Bateți ouăle, făina de porumb, sare și piper. Aruncați creveții în amestec până când sunt acoperiți complet. Scoateți crusta de pe pâine și împărțiți-o în patru. Așezați un creveți pe fiecare bucată, tăiați cu partea în jos și apăsați. Ungeți puțin din amestecul de ouă deasupra fiecărui creveți și presărați peste gălbenuș, șuncă și ceapă. Încinge uleiul și prăjește bucățile de pâine cu creveți în reprize până devin aurii. Scurgeți pe hârtie de bucătărie și serviți cald.

Creveți prăjiți în sos

Porti 4

75 g/3 oz făină de porumb (amidon de porumb)

¬Ω ou, bătut

5 ml/1 linguriță vin de orez sau sherry uscat

sare

450 g/1 lb creveți cu coajă

45 ml/3 linguri ulei de arahide

5 ml/1 linguriță ulei de susan

1 cățel de usturoi, zdrobit

1 felie radacina de ghimbir, tocata

3 cepe de primăvară (cepe), tăiate felii

15 ml/1 lingura supa de peste

5 ml/1 linguriță oțet de vin

5 ml/1 lingurita zahar

Pentru a face aluatul, amestecați făina de porumb, ou, vin sau sherry și un praf de sare. Înmuiați creveții în aluat, astfel încât să fie ușor acoperiți. Se incinge uleiul si se prajesc crevetii pana sunt crocante pe exterior. Scoateți-le din tigaie și scurgeți uleiul. Se incinge uleiul de susan intr-o tigaie, se adauga crevetii, usturoiul, ghimbirul si ceapa si se caleste timp de 3 minute. Se amestecă bulionul, oțetul de vin și zahărul, se amestecă bine și se încălzește înainte de servire.

Creveți poșați cu șuncă și tofu

Porti 4

30 ml/2 linguri ulei de arahide
225 g/8 oz tofu, tăiat cubulețe
600 ml/1 pt/2¬Ω cană supă de pui
100 g sunca afumata, taiata cubulete
225 g/8 oz creveți cu coajă

Încinge uleiul și prăjește tofu până se rumenește ușor. Scoateți din tigaie și scurgeți. Se încălzește bulionul, se adaugă tofu și șunca și se lasă să fiarbă la foc mic aproximativ 10 minute până când tofu este fiert. Adăugați creveții și fierbeți încă 5 minute până se încălzesc. Serviți în boluri adânci.

Creveți în sos de homar

Porti 4

45 ml/3 linguri ulei de arahide

2 catei de usturoi, macinati

5 ml/1 lingurita fasole neagra tocata

100g/4oz carne de porc tocată (măcinată).

450 g/1 lb creveți cu coajă

15 ml/1 lingură vin de orez sau sherry uscat

300 ml/¬Ω pt/1¬° cană supa de pui

30 ml/2 linguri faina de porumb (amidon de porumb)

2 ouă, bătute

15 ml/1 lingura sos de soia

2,5 ml/¬Ω linguriță de sare

2,5 ml/¬Ω lingurita de zahar

2 cepe (cepe), tocate

Încinge uleiul și prăjește usturoiul și fasolea neagră până când usturoiul se rumenește ușor. Adăugați carnea de porc și gătiți până se rumenește. Adăugați creveții și gătiți timp de 1 minut. Adăugați sherry, acoperiți și fierbeți timp de 1 minut. Adăugați bulion și făina de porumb, aduceți la fierbere, amestecând, acoperiți și fierbeți timp de 5 minute. Adăugați ouăle, amestecând încontinuu pentru a forma fire. Adăugați soia

sos, sare, zahar si ceapa primavara si lasam sa fiarba cateva minute inainte de servire.

Abalone marinat

Porti 4

450g/1lb abalone conservat

45 ml/3 linguri sos de soia

30 ml/2 linguri otet de vin

5 ml/1 lingurita zahar

câteva picături de ulei de susan

Scurgeți abalonul și feliați sau tăiați în fâșii. Se amestecă restul ingredientelor, se toarnă peste abalone și se amestecă bine. Acoperiți și lăsați la frigider pentru 1 oră.

Lăstari de bambus înăbușiți

Porti 4

60 ml/4 linguri ulei de arahide
225 g/8 oz muguri de bambus, tăiați în fâșii
60 ml/4 linguri supa de pui
15 ml/1 lingura sos de soia
5 ml/1 lingurita zahar
5 ml/1 linguriță vin de orez sau sherry uscat

Se încălzește uleiul și se amestecă lăstarii de bambus timp de 3 minute. Se amestecă bulionul, sosul de soia, zahărul și vinul sau sherry și se adaugă în tigaie. Acoperiți și fierbeți timp de 20 de minute. Se răcește și se dă la frigider înainte de servire.

Pui cu castraveți

Porti 4

1 castravete, curatat de coaja si fara samburi
225g/8oz pui gătit, mărunțit
5 ml/1 linguriță pudră de muștar
2,5 ml/½ linguriță de sare
30 ml/2 linguri otet de vin

Tăiați castraveții fâșii și puneți-l pe o farfurie plată de servire. Pune puiul deasupra. Se amestecă muștarul, sarea și oțetul de vin și se pune peste pui chiar înainte de servire.

Susan de pui

Porti 4

350 g/12 oz pui gătit
120 ml/4 fl oz/½ cană de apă
5 ml/1 linguriță pudră de muștar
15 ml/1 lingura de seminte de susan
2,5 ml/½ linguriță de sare
un praf de zahar
45 ml/3 linguri coriandru proaspăt tocat
5 cepe (cepe), tocate
½ salată verde, tocată

Tocați puiul în felii subțiri. Amestecați suficientă apă în muștar pentru a obține o pastă netedă și amestecați-o în pui. Prăjiți semințele de susan într-o tigaie uscată până devin ușor aurii, apoi adăugați-le în pui și stropiți cu sare și zahăr. Se adauga jumatate din patrunjel si ceapa si se amesteca bine. Aranjați salata pe o farfurie de servire, acoperiți cu amestecul de pui și decorați cu pătrunjelul rămas.

Litchi cu ghimbir

Porti 4

1 pepene mare, tăiat la jumătate și fără sămânță
450g/1lb conserva de litchi, scurs
5 cm/2 ghimbir tulpină, feliat
niste frunze de menta

Umpleți jumătățile de pepene galben cu litchi și ghimbir, decorați cu frunze de mentă. Se răcește înainte de servire.

Aripioare de pui fierte roșii

Porti 4

8 aripioare de pui
2 cepe (cepe), tocate
75 ml/5 linguri sos de soia
120 ml/4 fl oz/¬Ω cană de apă
30 ml/2 linguri zahăr brun

Tăiați și aruncați capetele osoase ale aripilor de pui și tăiați-le în jumătate. Se pune intr-o tigaie cu restul ingredientelor, se aduce la fiert, se acopera si se fierbe 30 de minute. Scoateți capacul și fierbeți încă 15 minute, spălând des. Se răcește și se dă la frigider înainte de servire.

Carne de crab cu castraveți

Porti 4

100 g/4 oz carne de crab, fulgi
2 castraveti, curatati si tocati
1 felie radacina de ghimbir, tocata
15 ml/1 lingura sos de soia
30 ml/2 linguri otet de vin
5 ml/1 lingurita zahar
câteva picături de ulei de susan

Puneți carnea de crab și castraveții într-un castron. Se amestecă restul ingredientelor, se toarnă peste amestecul de carne de crab și se bate bine. Acoperiți și lăsați la rece timp de 30 de minute înainte de servire.

Ciuperci marinate

Porti 4

225g/8oz ciuperci buton
30 ml/2 linguri sos de soia
15 ml/1 lingură vin de orez sau sherry uscat
putina sare
câteva picături de sos tabasco
câteva picături de ulei de susan

Se fierb ciupercile în apă clocotită timp de 2 minute, se scurg şi se usucă. Se aseaza intr-un bol si se toarna peste restul ingredientelor. Se amestecă bine şi se răceşte înainte de servire.

Ciuperci cu usturoi marinate

Porti 4

225g/8oz ciuperci buton
3 catei de usturoi, macinati
30 ml/2 linguri sos de soia
30 ml/2 linguri vin de orez sau sherry uscat
15 ml/1 lingura ulei de susan
putina sare

Se pun ciupercile și usturoiul într-o strecurătoare, se toarnă peste apă clocotită și se lasă 3 minute. Ștergeți și uscați bine. Se amestecă restul ingredientelor, se toarnă marinada peste ciuperci și se lasă la marinat 1 oră.

Creveți și conopidă

Porti 4

225 g/8 oz buchețe de conopidă
100 g / 4 oz creveți cu coajă
15 ml/1 lingura sos de soia
5 ml/1 linguriță ulei de susan

Fierbeți parțial conopida aproximativ 5 minute, până când se înmoaie, dar încă crocantă. Se amestecă cu creveții, se presară peste sos de soia și ulei de susan și se amestecă. Se răcește înainte de servire.

Bețișoare de șuncă de susan

Porti 4

225g/8oz șuncă, tăiată fâșii
10 ml/2 lingurite sos de soia
2,5 ml/½ linguriță ulei de susan

Puneți șunca pe o farfurie de servire. Amestecați sosul de soia și uleiul de susan, presărați șunca și serviți.

Tofu rece

Porti 4

450 g/1 lb tofu, feliat
45 ml/3 linguri sos de soia
45 ml/3 linguri ulei de arahide
piper proaspăt măcinat

Asezati tofu-ul, cate cateva felii odata, pe o strecuratoare si scufundati-l in apa clocotita timp de 40 de secunde, scurgeti-l si puneti pe un platou de servire. Lasa sa se raceasca. Amestecați sosul de soia și uleiul, presărați tofu deasupra și serviți presărat cu piper.

Pui cu bacon

Porti 4

225g/8oz pui, feliate foarte subțire

75 ml/5 linguri sos de soia

15 ml/1 lingură vin de orez sau sherry uscat

1 cățel de usturoi, zdrobit

15 ml/1 lingură zahăr brun

5 ml / 1 linguriță sare

5 ml/1 lingurita radacina de ghimbir tocata

225 g/8 oz slănină slabă, tăiată cubulețe

100g/4oz castane de apă, feliate foarte subțiri

30 ml/2 linguri miere

Pune puiul într-un castron. Se amestecă 45 ml/3 linguri de sos de soia cu vin sau sherry, usturoi, zahăr, sare și ghimbir, se toarnă peste pui și se lasă la marinat aproximativ 3 ore. Asezati puiul, baconul si castanele pe betisoarele de kebab. Amestecați restul de sos de soia cu miere și ungeți kebab-urile. Gratar (frijire) pe un gratar incins timp de aprox. 10 minute până când sunt gătite, întorcându-le des și ungeți cu glazură în timp ce gătiți.

Pui și cartofi prăjiți cu banane

Porti 4

2 piept de pui fierte

2 banane tari

6 felii de paine

4 ouă

120 ml/4 fl oz/¬Ω cană de lapte

50 g/2 oz/¬Ω cană făină simplă (universală).

225 g/8 oz/4 căni de pesmet proaspăt

ulei pentru prajit

Tăiați puiul în 24 de bucăți. Curățați bananele și tăiați-le în sferturi pe lungime. Tăiați fiecare sfert în treimi pentru a face 24 de bucăți. Tăiați crusta de pe pâine și tăiați-o în sferturi. Bateți ouăle și laptele și ungeți pe o parte a aluatului. Pune o bucată de pui și o bucată de banană pe partea acoperită cu ou a fiecărei pâini. Pudrați ușor pătratele cu făină, apoi scufundați-le în ou și acoperiți cu pesmet. Se scufundă din nou în ou și pesmet. Încinge uleiul și prăjește câteva pătrate pe rând până se rumenesc. Scurgeți pe prosoape de hârtie înainte de servire.

Pui cu ghimbir si ciuperci

Porti 4

225g/8oz file de piept de pui
5 ml/1 linguriță pudră de cinci condimente
15 ml/1 lingură făină simplă (universală).
120 ml/4 fl oz/½ cană ulei de arahide
4 eșalote, tăiate la jumătate
1 cățel de usturoi, feliat
1 felie radacina de ghimbir, tocata
25 g/1 oz/¼ ceasca de caju
5 ml/1 linguriță miere
15 ml/1 lingură făină de orez
75 ml/5 linguri vin de orez sau sherry uscat
100g/4oz ciuperci, tăiate în sferturi
2,5 ml/½ linguriță turmeric
6 ardei iute galbeni, taiati la jumatate
5 ml/1 linguriță sos de soia
½ suc de lamaie
sare si piper
4 frunze crocante de salata verde

Tăiați pieptul de pui în diagonală peste lamă în fâșii subțiri. Se presară cinci pulberi de condimente și se pudrează ușor cu făină. Se încălzește 15 ml/1 lingură de ulei și se prăjește puiul până se rumenește. Scoateți din tigaie. Încălziți puțin ulei și prăjiți eșalota, usturoiul, ghimbirul și caju pentru 1 minut. Adăugați mierea și amestecați până când legumele sunt acoperite. Se presară peste făină, apoi se amestecă vinul sau sherry. Adăugați ciupercile, turmeric și chilli și gătiți timp de 1 minut. Adăugați puiul, sosul de soia, zeama de la jumătate de lime, sare și piper și încălziți. Scoateți din tigaie și păstrați la cald. Se mai incinge putin ulei, se adauga frunzele de salata si se prajesc repede, se condimenteaza cu sare si piper si restul de zeama de lamaie. Așezați frunzele de salată pe un platou de servire încălzit, acoperiți cu carne și legume și serviți.

Pui și șuncă

Porti 4

225g/8oz pui, feliate foarte subțire
75 ml/5 linguri sos de soia
15 ml/1 lingură vin de orez sau sherry uscat
15 ml/1 lingură zahăr brun
5 ml/1 lingurita radacina de ghimbir tocata
1 cățel de usturoi, zdrobit
225g/8oz șuncă fiartă, tăiată cubulețe
30 ml/2 linguri miere

Puiul se pune intr-un castron cu 45ml/3 linguri de sos de soia, vin sau sherry, zahar, ghimbir si usturoi. Se lasa la marinat 3 ore. Pune puiul și șunca pe bețișoarele de kebab. Amestecați restul de sos de soia cu miere și ungeți kebab-urile. Gratar (frijire) pe un gratar incins timp de aprox. 10 minute, întorcându-se des și unduind cu glazură pe măsură ce se gătește.

Ficat de pui la gratar

Porti 4

450 g/1 lb ficat de pui
45 ml/3 linguri sos de soia
15 ml/1 lingură vin de orez sau sherry uscat
15 ml/1 lingură zahăr brun
5 ml / 1 linguriță sare
5 ml/1 lingurita radacina de ghimbir tocata
1 cățel de usturoi, zdrobit

Ficateii de pui se fierb in apa clocotita timp de 2 minute si se scurg bine. Puneți într-un castron cu toate celelalte ingrediente, cu excepția uleiului și marinatei timp de aproximativ 3 ore. Așezați ficateii de pui pe bețișoare de kebab și puneți la grătar (friptură) pe un grătar încins timp de aproximativ 8 minute, până se rumenesc.

Biluțe de crab cu castane de apă

Porti 4

450 g/1 lb carne de crab, tocată
100g/4oz castane de apă, tocate
1 cățel de usturoi, zdrobit
1 cm/¬Ω rădăcină de ghimbir feliată, tocată
45 ml/3 linguri faina de porumb (amidon de porumb)
30 ml/2 linguri sos de soia
15 ml/1 lingură vin de orez sau sherry uscat
5 ml / 1 linguriță sare
5 ml/1 lingurita zahar
3 oua, batute
ulei pentru prajit

Se amestecă toate ingredientele cu excepția uleiului și se formează bile mici. Încinge uleiul și prăjește biluțele de crab până se rumenesc. Scurgeți bine înainte de servire.

Dim Sum

Porti 4

100g/4oz creveți decojiți, tăiați cubulețe
225g/8oz carne de porc slabă, tocată mărunt
50g/2oz varză chinezească, tocată mărunt
3 cepe (cepe), tocate
1 ou, batut
30 ml/2 linguri faina de porumb (amidon de porumb)
10 ml/2 lingurite sos de soia
5 ml/1 linguriță ulei de susan
5 ml/1 linguriță sos de stridii
24 de piei wonton
ulei pentru prajit

Amestecați creveții, carnea de porc, varza și ceapa. Amestecați ouăle, făina de porumb, sosul de soia, uleiul de susan și sosul de stridii. Pune o lingură de amestec în centrul fiecărei coajă wonton. Apăsați ușor ambalajele în jurul umpluturii, apăsând marginile împreună, dar lăsând partea superioară liberă. Se încălzește uleiul și se prăjește dim sum de câteva ori până când se rumenește. Se scurge bine si se serveste fierbinte.

Rulouri cu șuncă și pui

Porti 4

2 piept de pui
1 cățel de usturoi, zdrobit
2,5 ml/¬Ω linguriță de sare
2,5 ml/¬Ω linguriță praf de cinci condimente
4 felii de sunca fiarta
1 ou, batut
30 ml/2 linguri lapte
25 g/1 oz/¬° cană făină simplă (universală).
4 coji de rulada de oua
ulei pentru prajit

Tăiați pieptul de pui în jumătate. Zdrobiți-le foarte subțire. Se amestecă usturoiul, sarea și pudra cu cinci condimente și se presară peste pui. Peste fiecare bucată de pui se pune câte o felie de șuncă și se înfășoară strâns. Se amestecă ouăle și laptele. Făină ușor bucățile de pui și apoi scufundă-le în amestecul de ouă. Așezați fiecare bucată de rulou de ou pe piele și ungeți marginile cu ou bătut. Îndoiți părțile laterale și rulați, ciupind marginile. Încinge uleiul și prăjește rulourile aproximativ 5 minute până devin aurii rumeniți și gătiți. Se scurge pe hartie de bucatarie si se taie in felii groase diagonale pentru servire.

Vânzări de șuncă la cuptor

Porti 4

350 g/12 oz/3 căni de făină simplă (universală).
175 g/6 oz/¬œ cană de unt
120 ml/4 fl oz/¬Ω cană de apă
225 g sunca taiata cubulete
100 g/4 oz muguri de bambus, tocate
2 cepe (cepe), tocate
15 ml/1 lingura sos de soia
30 ml/2 linguri de seminte de susan

Puneți făina într-un bol și frecați untul. Amestecați apa într-un aluat. Întindeți aluatul și tăiați-l în cercuri de 5 cm/2. Se amestecă toate ingredientele rămase, cu excepția semințelor de susan și se așează câte o lingură pe fiecare cerc. Ungeți marginile aluatului cu apă și sigilați. Ungeți exteriorul cu apă și stropiți cu semințe de susan. Coaceți într-un cuptor preîncălzit la 180¬∞C/350¬∞F/marca de gaz 4 timp de 30 de minute.

Pește pseudoafumat

Porti 4

1 biban de mare
3 felii rădăcină de ghimbir, feliate
1 cățel de usturoi, zdrobit
1 ceapă (ceapă), feliată gros
75 ml/5 linguri sos de soia
30 ml/2 linguri vin de orez sau sherry uscat
2,5 ml/¬Ω linguriță de anason măcinat
2,5 ml/¬Ω linguriță ulei de susan
10 ml/2 lingurite zahar
120 ml/4 fl oz/¬Ω bulion de cană
ulei pentru prajit
5 ml/1 lingurita faina de porumb (amidon de porumb)

Tăiați peștele și tăiați-l peste bob în felii de 5 mm (¬º inch). Amestecați ghimbirul, usturoiul, arpagicul, 60 ml/4 linguri de sos de soia, sherry, anason și ulei de susan. Se toarnă peste pește și se amestecă ușor. Se lasă 2 ore, întorcându-le din când în când.

Se toarnă marinada în tigaie și se usucă peștele pe prosoape de hârtie. Adăugați zahărul, bulionul și restul de sos de soia marinată, aduceți la fierbere și gătiți timp de 1 minut. Dacă sosul trebuie să se îngroașe, amestecați făina de porumb cu puțină apă rece, amestecați în sos și fierbeți, amestecând, până când sosul se îngroașă.

În același timp, se încălzește uleiul și se prăjește peștele până se rumenește. Scurgeți bine. Înmuiați bucățile de pește în marinată și puneți-le pe o farfurie de servire încălzită. Serviți cald sau rece.

Ciuperci umplute

Porti 4

12 capace mari de ciuperci uscate

225 g/8 oz carne de crab

3 castane de apa, tocate

2 cepe primare (ceapa), tocate marunt

1 albus de ou

15 ml/1 lingură făină de porumb (amidon de porumb)

15 ml/1 lingura sos de soia

15 ml/1 lingură vin de orez sau sherry uscat

Înmuiați ciupercile peste noapte în apă caldă. Se stoarce uscat. Se amestecă ingredientele rămase și se folosește pentru a umple capacele de ciuperci. Puneți pe un grătar pentru abur și gătiți la abur timp de 40 de minute. Serviți cald.

Ciuperci cu sos de stridii

Porti 4

10 ciuperci chinezești uscate
250 ml/8 fl oz/1 cană supă de vită
15 ml/1 lingură făină de porumb (amidon de porumb)
30 ml/2 linguri sos de stridii
5 ml/1 linguriță vin de orez sau sherry uscat

Înmuiați ciupercile în apă caldă timp de 30 de minute, apoi scurgeți, rezervând 250 ml/8 fl oz/1 cană de lichid de înmuiat. Aruncați tulpinile. Amestecați 60 ml/4 linguri de supă de vită cu făină de porumb pentru a face o pastă. Se fierbe restul bulionului împreună cu ciupercile și lichidul de ciuperci, se pune capacul și se lasă să fiarbă 20 de minute. Scoateți ciupercile din lichid cu o lingură și transferați-le într-un vas cald de servire. Adăugați în tigaie sosul de stridii și sherry și fierbeți timp de 2 minute, amestecând. Se amestecă pasta de mălai și se fierbe, amestecând, până se îngroașă sosul. Se toarnă peste ciuperci și se servește imediat.

Rulouri de porc și salată

Porti 4

4 ciuperci chinezești uscate
15 ml/1 lingura ulei de arahide
225g/8oz carne de porc slabă, tăiată cubulețe
100 g/4 oz muguri de bambus, tocate
100g/4oz castane de apă, tocate
4 cepe (cepe), tocate
175 g/6 oz carne de crab, fulgi
30 ml/2 linguri vin de orez sau sherry uscat
15 ml/1 lingura sos de soia
10 ml/2 lingurite sos de stridii
10 ml/2 lingurite ulei de susan
9 pagini chineze

Înmuiați ciupercile în apă caldă timp de 30 de minute și scurgeți-le. Aruncați tulpinile și tăiați capacele. Încinge uleiul și prăjește carnea de porc timp de 5 minute. Adăugați ciupercile, lăstarii de bambus, castanele de apă, ceapa și carnea de crab și gătiți timp de 2 minute. Combinați vinul sau sherry, sosul de soia, sosul de stridii și uleiul de susan și amestecați în tigaie. Se ia de pe foc.

Între timp, se fierb frunzele chinezești în apă clocotită timp de 1 minut

drenaj. Puneți linguri de amestec de porc în centrul fiecărei frunze, pliați părțile laterale și rulați pentru a servi.

Chiftele de porc și castane

Porti 4

450g/1lb carne de porc tocată (măcinată).
50g/2oz ciuperci, tocate mărunt
50g/2oz castane de apă, tocate mărunt
1 cățel de usturoi, zdrobit
1 ou, batut
30 ml/2 linguri sos de soia
15 ml/1 lingură vin de orez sau sherry uscat
5 ml/1 lingurita radacina de ghimbir tocata
5 ml/1 lingurita zahar
sare
30 ml/2 linguri faina de porumb (amidon de porumb)
ulei pentru prajit

Amestecați toate ingredientele, cu excepția făinii de porumb și formați bile mici din amestec. Rulați în făină de porumb. Se încălzește uleiul și se prăjesc chiftelele timp de aproximativ 10 minute până devin aurii. Scurgeți bine înainte de servire.

Biluțe de porc

Porțiune 4, 6

450 g/1 lb făină simplă (universală).

500 ml / 17 fl oz / 2 căni de apă

450g/1lb carne de porc fiartă, tocată

225 g/8 oz creveți cu coajă, tăiați cubulețe

4 tulpini de telina, tocate

15 ml/1 lingura sos de soia

15 ml/1 lingură vin de orez sau sherry uscat

15 ml/1 lingura ulei de susan

5 ml / 1 linguriță sare

2 cepe primare (ceapa), tocate marunt

2 catei de usturoi, macinati

1 felie radacina de ghimbir, tocata

Se amestecă făina și apa împreună pentru a forma un aluat moale și se frământă bine. Se acopera si se lasa 10 minute. Întindeți aluatul cât mai subțire și tăiați în cercuri de 5 cm/2. Se amestecă toate ingredientele rămase împreună. Puneți linguri de amestec pe fiecare cerc, umeziți marginile și sigilați în semicerc. Fierbeți apa într-o oală și puneți cu grijă găluștele în apă.

Risole de porc și vițel

Porti 4

100g/4oz carne de porc tocată (măcinată).
100g/4oz de vițel tocat (măcinat).
1 felie de bacon, tocat (macinat)
15 ml/1 lingura sos de soia
sare si piper
1 ou, batut
30 ml/2 linguri faina de porumb (amidon de porumb)
ulei pentru prajit

Se amestecă carnea tocată și baconul și se condimentează cu sare și piper. Leagă împreună cu oul, se formează bile de mărimea unei nuci și se presară cu mălai. Încinge uleiul și prăjește până se rumenește. Scurgeți bine înainte de servire.

Creveți fluture

Porti 4

450 g/1 lb creveți mari decojiti
15 ml/1 lingura sos de soia
5 ml/1 linguriță vin de orez sau sherry uscat
5 ml/1 lingurita radacina de ghimbir tocata
2,5 ml/¬Ω linguriță de sare
2 ouă, bătute
30 ml/2 linguri faina de porumb (amidon de porumb)
15 ml/1 lingură făină simplă (universală).
ulei pentru prajit

Tăiați creveții în jumătate din spate și întindeți-i în formă de fluture. Amestecați sosul de soia, vinul sau sherry, ghimbirul și sarea împreună. Se toarnă peste creveți și se lasă la marinat 30 de minute. Scoateți din marinată și uscați. Bateți oul cu mălai și făină până la un aluat și scufundați creveții în aluat. Încinge uleiul și prăjește creveții până se rumenesc. Scurgeți bine înainte de servire.

creveți chinezești

Porti 4

450 g/1 lb creveți necurățați
30 ml/2 linguri sos Worcestershire
15 ml/1 lingura sos de soia
15 ml/1 lingură vin de orez sau sherry uscat
15 ml/1 lingură zahăr brun

Puneți creveții într-un castron. Se amestecă restul ingredientelor, se toarnă peste creveți și se lasă la marinat 30 de minute. Transferați într-o tavă de copt și coaceți într-un cuptor preîncălzit la 150¬∞C/300¬∞F/marca de gaz 2 timp de 25 de minute. Se servește cald sau rece în coji pentru ca oaspeții să se decojească.

Biscuiți de creveți

Porti 4

100 g/4 oz biscuiți cu creveți
ulei pentru prajit

Încinge uleiul foarte fierbinte. Adăugați biscuiți cu creveți câte o mână și gătiți câteva secunde până se umflă. Scoateți uleiul și scurgeți-l pe hârtie de bucătărie până când continuați să prăjiți biscuiții.

Creveți crocanți

Porti 4

450 g/1 lb creveți tigru decojiți
15 ml/1 lingură vin de orez sau sherry uscat
10 ml/2 lingurite sos de soia
5 ml/1 linguriță pudră de cinci condimente
sare si piper
90 ml/6 linguri faina de porumb (amidon de porumb)
2 ouă, bătute
100 g/4 oz pesmet
ulei de arahide pentru prajit

Amestecați creveții cu vin sau sherry, sos de soia și pudră de cinci condimente și asezonați cu sare și piper. Puneți-le în făină de porumb, apoi ungeți-le cu ou bătut și pesmet. Se prajesc in ulei incins cateva minute pana se rumenesc usor, se scurg si se servesc imediat.

Creveți cu sos de ghimbir

Porti 4

15 ml/1 lingura sos de soia
5 ml/1 linguriță vin de orez sau sherry uscat
5 ml/1 linguriță ulei de susan
450 g/1 lb creveți cu coajă
30 ml/2 linguri pătrunjel proaspăt tocat
15 ml/1 lingura otet de vin
5 ml/1 lingurita radacina de ghimbir tocata

Amestecați sosul de soia, vinul sau sherry și uleiul de susan împreună. Se toarnă peste creveți, se acoperă și se lasă la marinat 30 de minute. Creveții la grătar pentru câteva minute până când sunt fierți și stropiți cu marinada. Intre timp, pentru a servi cu crevetii, amestecam patrunjelul, otetul de vin si ghimbirul.

Creveți și rulouri cu tăiței

Porti 4

50 g taitei cu ou, taiati bucatele
15 ml/1 lingura ulei de arahide
50g/2oz carne de porc slabă, tocată mărunt
100g/4oz ciuperci, tocate
3 cepe (cepe), tocate
100g/4oz creveți decojiți, tăiați cubulețe
15 ml/1 lingură vin de orez sau sherry uscat
sare si piper
24 de piei wonton
1 ou, batut
ulei pentru prajit

Gătiți tăițeii în apă clocotită timp de 5 minute, scurgeți și tocați. Încinge uleiul și prăjește carnea de porc timp de 4 minute. Se adauga ciupercile si ceapa si se fierbe 2 minute, apoi se ia de pe foc. Se amestecă creveții, vinul sau sherry și tăițeii și se condimentează cu sare și piper. Puneți linguri de amestec în centrul fiecărei coaje wonton și ungeți marginile cu ou bătut. Îndoiți marginile și rulați ambalajele, sigilând marginile. Încinge uleiul și prăjește rulourile a câteva câte o dată timp de aproximativ 5 minute până devin aurii. Scurgeți pe prosoape de hârtie înainte de servire.

Pâine prăjită cu creveți

Porti 4

2 ouă 450 g/1 lb creveți decojiți, tocați
15 ml/1 lingură făină de porumb (amidon de porumb)
1 ceapa, tocata marunt
30 ml/2 linguri sos de soia
15 ml/1 lingură vin de orez sau sherry uscat
5 ml / 1 linguriță sare
5 ml/1 lingurita radacina de ghimbir tocata
8 felii de pâine, tăiate triunghiuri
ulei pentru prajit

Se amestecă 1 ou cu toate ingredientele rămase, cu excepția pâinii și a uleiului. Turnați amestecul pe triunghiurile de pâine și apăsați într-o cupolă. Ungeți cu oul rămas. Se încălzește aproximativ 5 cm/2 inchi de ulei și se prăjesc triunghiurile de pâine până se rumenesc. Scurgeți bine înainte de servire.

Wonton de porc și creveți cu sos dulce-acru

Porti 4

120 ml/4 fl oz/¬Ω cană de apă
60 ml/4 linguri otet de vin
60 ml/4 linguri zahăr brun
30 ml/2 linguri piure de roșii (pastă)
10 ml/2 lingurițe de făină de porumb (amidon de porumb)
25g/1oz ciuperci, tocate
25 g/1 oz creveți cu coajă, tăiați cubulețe
50g/2oz carne de porc slabă, tăiată cubulețe
2 cepe (cepe), tocate
5 ml/1 linguriță sos de soia
2,5 ml/¬Ω linguriță rădăcină de ghimbir rasă
1 cățel de usturoi, zdrobit
24 de piei wonton
ulei pentru prajit

Amestecați apa, oțetul de vin, zahărul, piureul de roșii și făina de porumb într-o cratiță mică. Se aduce la fierbere, amestecând constant, apoi se fierbe timp de 1 minut. Se ia de pe foc si se tine la cald.

Amestecați ciupercile, creveții, carnea de porc, ceapa, sosul de soia, ghimbirul și usturoiul. Așezați câte o lingură de umplutură pe fiecare piele, ungeți marginile cu apă și presați împreună. Se încălzește uleiul și se prăjesc wonton-urile de câteva ori la un moment dat, până se rumenesc. Se scurge pe hartie de bucatarie si se serveste fierbinte cu sos dulce-acru.

Supa de pui

Face 2 litri / 3½ puncte / 8½ căni

1,5 kg/2 lb oase de pui fierte sau crude
450g/1lb pulpă de porc
1 cm/½ bucată rădăcină de ghimbir
3 cepe de primăvară (cepe), tăiate felii
1 cățel de usturoi, zdrobit
5 ml / 1 linguriță sare
2,25 litri / 4 puncte / 10 căni de apă

Aduceți toate ingredientele la fiert, acoperiți și fierbeți timp de 15 minute. Scoateți grăsimea. Acoperiți și fierbeți timp de 1 oră și jumătate. Se strecoară, se răcește și se decojește. Congelați în porții mici sau puneți la frigider și utilizați în 2 zile.

Supă de fasole și porc

Porti 4

450g/1lb carne de porc, tăiată cubulețe
1,5 L/2½ pt/6 cani supa de pui
5 felii de rădăcină de ghimbir
350 g/12 oz fasole
15 ml / 1 lingura sare

Se fierbe carnea de porc timp de 10 minute în apă clocotită și se scurge. Se fierbe bulionul si se adauga carnea de porc si ghimbirul. Acoperiți și fierbeți timp de 50 de minute. Adăugați fasolea și sare și fierbeți timp de 20 de minute.

Supă de abalone și ciuperci

Porti 4

60 ml/4 linguri ulei de arahide
100g/4oz carne slabă, tăiată fâșii
225g/8oz conserva de abalone, tăiat fâșii
100g/4oz ciuperci, feliate
2 tulpini de telina, feliate
50 g sunca taiata fasii
2 cepe, feliate
1,5 l / 2½ buc. / 6 căni de apă
30 ml/2 linguri otet de vin
45 ml/3 linguri sos de soia
2 felii de rădăcină de ghimbir, tocate
sare si piper proaspat macinat
15 ml/1 lingură făină de porumb (amidon de porumb)
45 ml/3 linguri apă

Se încălzește uleiul și se prăjește carnea de porc, abalonul, ciupercile, țelina, șunca și ceapa timp de 8 minute. Adăugați apă și oțet de vin, aduceți la fierbere, acoperiți și fierbeți timp de 20 de minute. Adăugați sos de soia, ghimbir, sare și piper. Amestecați făina de porumb într-o pastă apă, amestecați-o în supă și fierbeți timp de 5 minute, amestecând, până când supa se limpezește și se îngroașă.

Supă de pui și sparanghel

Porti 4

100 g pui, tocat

2 albusuri

2,5 ml / ½ linguriță sare

30 ml/2 linguri faina de porumb (amidon de porumb)

225 g/8 oz sparanghel, tăiat în 5 cm/2 bucăți

100 g/4 oz fasole

1,5 L/2½ pt/6 cani supa de pui

100 g/4 oz ciuperci buton

Se amestecă puiul cu albușurile, sarea și mălaiul și se lasă 30 de minute. Gatiti puiul in apa clocotita pentru aprox. 10 minute pana este fiert si lasam sa se scurga bine. Se fierbe sparanghelul în apă clocotită timp de 2 minute și se scurge. Se fierbe fasolea timp de 3 minute în apă clocotită și se scurge. Turnați bulionul într-o tigaie mare și adăugați puiul, sparanghelul, ciupercile și fasolea. Se fierbe si se condimenteaza cu sare. Fierbeți câteva minute pentru a dezvolta aromele și până când legumele sunt moi, dar încă crocante.

Supa de vită

Porti 4

225 g/8 oz carne de vită măcinată

15 ml/1 lingura sos de soia

15 ml/1 lingură vin de orez sau sherry uscat

15 ml/1 lingură făină de porumb (amidon de porumb)

1,2 L/2 pt/5 cani supa de pui

5 ml/1 linguriță sos chili

sare si piper

2 ouă, bătute

6 cepe (cepe), tocate

Amestecați carnea de vită cu sos de soia, vin sau sherry și făină de porumb. Se adauga bulionul si se aduce la fiert, amestecand putin cate putin. Adăugați pasta de chili și condimentați cu sare și piper, acoperiți și fierbeți timp de aproximativ 10 minute, amestecând din când în când. Se amestecă ouăle și se servesc stropite cu ceapă.

Supă de vită și frunze chinezești

Porti 4

200 g carne slabă de vită, tăiată fâșii
15 ml/1 lingura sos de soia
15 ml/1 lingura ulei de arahide
1,5 L/2½ pt/6 căni supă de vită
5 ml / 1 linguriță sare
2,5 ml / ½ linguriță de zahăr
½ cap frunze de porțelan, tăiate în bucăți

Se amestecă carnea cu sosul de soia și uleiul și se lasă la marinat 30 de minute, amestecând din când în când. Fierbeți bulionul cu sare și zahăr, adăugați frunzele chinezești și fierbeți aproximativ 10 minute până aproape fiert. Adăugați carnea de vită și fierbeți încă 5 minute.

Supă de varză

Porti 4

60 ml/4 linguri ulei de arahide
2 cepe, tocate
100g/4oz carne slabă, tăiată fâșii
225g/8oz varză chinezească, mărunțită
10 ml/2 lingurite zahar
1,2 L/2 pt/5 cani supa de pui
45 ml/3 linguri sos de soia
sare si piper
15 ml/1 lingură făină de porumb (amidon de porumb)

Se încălzește uleiul și se prăjește ceapa și carnea de porc până se rumenesc ușor. Se adauga varza si zaharul si se fierbe 5 minute. Se adauga bulionul si sosul de soia si se condimenteaza cu sare si piper. Se aduce la fierbere, se acoperă cu un capac și se fierbe la foc mic timp de 20 de minute. Amestecați făina de porumb cu puțină apă, amestecați în supă și lăsați-o să fiarbă amestecând până când supa se îngroașă și se limpezește.

Supa picanta de vita

Porti 4

45 ml/3 linguri ulei de arahide
1 căţel de usturoi, zdrobit
5 ml / 1 linguriţă sare
225 g/8 oz carne de vită măcinată
6 cepe (cepe), tăiate fâşii
1 ardei gras rosu, taiat fasii
1 ardei gras verde, taiat fasii
225g/8oz varză, mărunţită
1 L/1¾ puncte/4¼ cani supa de vita
30 ml/2 linguri sos de prune
Am păstrat 30 ml/2 linguri de sos
45 ml/3 linguri sos de soia
2 tulpini de ghimbir, tocate
2 oua
5 ml/1 linguriţă ulei de susan
225g/8oz tăiţei limpezi, înmuiaţi

Se incinge uleiul si se prajesc usturoiul si sarea pana se rumenesc usor. Adăugaţi carnea de vită şi rumeniţi rapid. Adăugaţi legumele și gătiți până devin translucide. Se adauga bulion, sos de prune, sos hoisin, 30 ml/2

o lingură de sos de soia și ghimbir, se aduce la fierbere și se fierbe timp de 10 minute. Bateți ouăle cu ulei de susan și restul de sos de soia. Adăugați supa cu tăiței și gătiți, amestecând, până se formează fire din ouă și tăițeii sunt moi.

Supa cerească

Porti 4

2 ceai (cei), tocate

1 cățel de usturoi, zdrobit

30 ml/2 linguri pătrunjel proaspăt tocat

5 ml / 1 linguriță sare

15 ml/1 lingura ulei de arahide

30 ml/2 linguri sos de soia

1,5 l / 2½ buc. / 6 căni de apă

Amestecă împreună ceapa primăvară, usturoiul, pătrunjelul, sarea, uleiul și sosul de soia. Se fierbe apa, se toarna peste amestecul de ceapa si se lasa 3 minute.

Supă de pui și muguri de bambus

Porti 4

2 pulpe de pui
30 ml/2 linguri ulei de arahide
5 ml/1 linguriță vin de orez sau sherry uscat
1,5 L/2½ pt/6 cani supa de pui
3 cepe de primăvară, tăiate felii
100 g/4 oz muguri de bambus, tăiați în bucăți
5 ml/1 lingurita radacina de ghimbir tocata
sare

Dezosați puiul și tăiați carnea în bucăți. Încinge uleiul și prăjește puiul pe toate părțile. Se adaugă bulionul, ceapa, lăstarii de bambus și ghimbirul, se aduce la fierbere și se fierbe timp de aproximativ 20 de minute până când puiul este fraged. Asezonați cu sare înainte de servire.

Supă de pui și porumb

Porti 4

1 L/1¾ puncte/4¼ cani supa de pui
100 g pui, tocat
200 g/7 oz porumb dulce decojit
șuncă feliată, tocată
ou, bătut
15 ml/1 lingură vin de orez sau sherry uscat

Aduceți bulionul și puiul la fiert, acoperiți și fierbeți timp de 15 minute. Adăugați porumbul dulce și șunca, acoperiți și fierbeți timp de 5 minute. Adăugați ouăle și sherry, amestecând încet cu un betisoare, astfel încât ouăle să formeze șiruri. Se ia de pe foc, se acopera si se lasa sa stea 3 minute inainte de servire.

Supă de pui și ghimbir

Porti 4

4 ciuperci chinezești uscate
1,5 L/2½ pt/6 căni de apă sau supă de pui
225g/8oz pui, tăiat cubulețe
10 felii de rădăcină de ghimbir
5 ml/1 linguriță vin de orez sau sherry uscat
sare

Înmuiați ciupercile în apă caldă timp de 30 de minute și scurgeți-le. Aruncați tulpinile. Fierbeți apa sau bulionul împreună cu restul ingredientelor și lăsați să fiarbă la foc mic aproximativ 20 de minute până când puiul este gătit.

Supă de pui cu ciuperci chinezești

Porti 4

25 g/1 oz ciuperci chinezești uscate
100 g pui, tocat
50g/2oz muguri de bambus, tocați
30 ml/2 linguri sos de soia
30 ml/2 linguri vin de orez sau sherry uscat
1,2 L/2 pt/5 cani supa de pui

Înmuiați ciupercile în apă caldă timp de 30 de minute și scurgeți-le. Aruncați tulpinile și tăiați capacele. Se albesc ciupercile, puiul și mugurii de bambus în apă clocotită timp de 30 de secunde, apoi se scurg. Puneți-le într-un castron și amestecați cu sos de soia și vin sau sherry. Se lasa la marinat 1 ora. Se fierbe bulionul, se adauga amestecul de pui si marinada. Se amestecă bine și se fierbe câteva minute până când puiul este gătit.

Supă de pui și orez

Porti 4

1 L/1¾ puncte/4¼ cani supa de pui
225 g/8 oz/1 cană de orez cu bob lung gătit
100 g/4 oz pui gătit, tăiat fâșii
1 ceapă, feliată
5 ml/1 linguriță sos de soia

Încinge cu grijă toate ingredientele fără a lăsa supa să fiarbă.

Supă de pui și nucă de cocos

Porti 4

350g/12oz piept de pui

sare

10 ml/2 lingurițe de făină de porumb (amidon de porumb)

30 ml/2 linguri ulei de arahide

1 ardei iute verde, tocat

1 L/1¾ puncte/4¼ cani lapte de cocos

5 ml/1 linguriță coajă de lămâie rasă

12 litchi

un praf de nucsoara rasa

sare si piper proaspat macinat

2 frunze de melisa

Tăiați pieptul de pui în cruce în fâșii transversale. Stropiți cu sare și acoperiți cu făină de porumb. Încălziți 10 ml/2 lingurițe de ulei într-un wok, amestecați și turnați. Repetați încă o dată. Se încălzește uleiul rămas și se prăjește puiul și ardeiul iute timp de 1 minut. Adăugați laptele de cocos și aduceți la fierbere. Adăugați coaja de lămâie și fierbeți timp de 5 minute. Se adaugă litchiul, se condimentează cu nucșoară, sare și piper și se servește cu balsam de lămâie.

Supă de crustacee

Porti 4

2 ciuperci chinezești uscate
12 scoici, înmuiate și spălate
1,5 L/2½ pt/6 cani supa de pui
50g/2oz muguri de bambus, tocați
50 g/2 oz mangetout (mazăre de zăpadă), împărțit
2 cepe (ceapa) taiate rondele.
15 ml/1 lingură vin de orez sau sherry uscat
un praf de piper proaspat macinat

Înmuiați ciupercile în apă caldă timp de 30 de minute și scurgeți-le. Aruncați tulpinile și împărțiți capacele. Se fierb midiile la abur pentru aprox. 5 minute până se deschid; aruncați toate cele închise rămase. Scoateți scoicile din coajă. Se fierbe bulionul și se adaugă ciupercile, lăstarii de bambus, mangetoul și ceapa. Se fierbe neacoperit timp de 2 minute. Adăugați scoici, vinul sau sherry și piper și fierbeți până se încălzesc.

Supă de ouă

Porti 4

1,2 L/2 pt/5 cani supa de pui
3 oua, batute
45 ml/3 linguri sos de soia
sare si piper proaspat macinat
4 ceai (cei), feliați

Se fierbe bulionul. Bateți ouăle bătute treptat, astfel încât să se despartă în fire. Se amestecă sosul de soia și se condimentează cu sare și piper. Se serveste ornat cu ceapa primavara.

Ciorbă de crab și scoici

Porti 4

4 ciuperci chinezești uscate

15 ml/1 lingura ulei de arahide

1 ou, batut

1,5 L/2½ pt/6 cani supa de pui

175 g/6 oz carne de crab, fulgi

100g/4oz scoici decojite, feliate

100g/4oz muguri de bambus, feliați

2 cepe (cepe), tocate

1 felie radacina de ghimbir, tocata

câțiva creveți fierți și curățați (opțional)

45 ml/3 linguri faina de porumb (amidon de porumb)

90 ml/6 linguri apă

30 ml/2 linguri vin de orez sau sherry uscat

20 ml/4 lingurite sos de soia

2 albusuri

Înmuiați ciupercile în apă caldă timp de 30 de minute și scurgeți-le. Aruncați tulpinile și tăiați capacele subțiri. Se încălzește uleiul, se adaugă oul și se înclină tigaia astfel încât oul să acopere fundul. Gatiti pana setați, apoi întoarceți și gătiți cealaltă parte. Scoateți din tavă, rulați și tăiați în fâșii subțiri.

Fierbeți bulionul, adăugați ciuperci, fâșii de ouă, carne de crab, scoici, lăstarii de bambus, ceai, ghimbir și creveți dacă folosiți. Se fierbe din nou. Amestecați făina de porumb cu 60 ml/4 linguri de apă, vin sau sherry și sos de soia și amestecați în supă. Se lasă să fiarbă amestecând până când supa se îngroașă. Albusurile se bat spuma cu restul de apa si se toarna amestecul incet in supa amestecand energic.

Supă de crabi

Porti 4

90 ml/6 linguri ulei de arahide
3 cepe, tocate
225 g/8 oz carne de crab albă şi maro
1 felie radacina de ghimbir, tocata
1,2 L/2 pt/5 cani supa de pui
150 ml/¼ pt/cană vin de orez sau sherry uscat
45 ml/3 linguri sos de soia
sare si piper proaspat macinat

Se încălzeşte uleiul şi se prăjeşte ceapa până se înmoaie, dar nu se rumeneşte. Adăugaţi carnea de crab şi ghimbirul şi gătiţi timp de 5 minute. Adăugaţi bulion, vin sau sherry şi sos de soia, asezonaţi cu sare şi piper. Se aduce la fierbere şi apoi se fierbe timp de 5 minute.

Ciorba de peste

Porti 4

225 g/8 oz file de peşte
1 felie radacina de ghimbir, tocata
15 ml/1 lingură vin de orez sau sherry uscat
30 ml/2 linguri ulei de arahide
1,5 L/2½ pt/6 cesti supa de peste

Tăiaţi peştele împotriva bobului în fâşii subţiri. Amestecaţi ghimbirul, vinul sau sherry şi uleiul, adăugaţi peştele şi amestecaţi uşor. Se lasă la marinat 30 de minute, întorcându-le din când în când. Se fierbe bulionul, se adauga pestele si se lasa sa fiarba la foc mic 3 minute.

Supă de pește și salată

Porti 4

225 g/8 oz file de pește alb
30 ml/2 linguri de făină simplă (universală).
sare si piper proaspat macinat
90 ml/6 linguri ulei de arahide
6 ceai (cei), feliați
100g/4oz salată verde, tocată
1,2 l / 2 bucăți / 5 căni de apă
10 ml/2 lingurițe rădăcină de ghimbir tocată mărunt
150 ml / ¼ pt / ½ cană generos de vin de orez sau sherry uscat
30 ml/2 linguri faina de porumb (amidon de porumb)
30 ml/2 linguri pătrunjel proaspăt tocat
10 ml/2 lingurite suc de lamaie
30 ml/2 linguri sos de soia

Tăiați peștele în fâșii subțiri și apoi amestecați cu făina asezonată. Se incinge uleiul si se caleste ceapa pana se inmoaie. Adăugați salata și gătiți timp de 2 minute. Adăugați peștele și gătiți timp de 4 minute. Adăugați apă, ghimbir și vin sau sherry, aduceți la fierbere, acoperiți și fierbeți timp de 5 minute. Se

amestecă făina de porumb cu puțină apă și apoi se amestecă în supă. Fierbeți încă 4 minute, amestecând, până devine supă

curatati si asezonati cu sare si piper. Se serveste stropita cu patrunjel, suc de lamaie si sos de soia.

Supă de ghimbir cu găluște

Porti 4

5 cm/2 bucăți rădăcină de ghimbir, rasă

350 g/12 oz zahăr brun

1,5 l / 2½ puncte / 7 căni de apă

225 g/8 oz/2 căni de făină de orez

2,5 ml / ½ linguriță sare

60 ml/4 linguri apă

Puneti ghimbirul, zaharul si apa intr-o cratita si aduceti la fiert in timp ce amestecati. Acoperiți și lăsați să fiarbă aproximativ 20 de minute. Se strecoară supa și se întoarce în oală.

Între timp, puneți făina și sarea într-un bol și amestecați treptat în apă cât să faceți un aluat gros. Rotiți-o în bile mici și aruncați găluștele în supă. Aduceți supa din nou la fiert, acoperiți cu un capac și gătiți încă 6 minute până când găluștele sunt fierte.

Supa tare si acra

Porti 4

8 ciuperci chinezești uscate
1 L/1¾ puncte/4¼ cani supa de pui
100 g pui, tăiat fâșii
100 g/4 oz muguri de bambus, tăiați în fâșii
100 g/4 oz tofu, tăiat fâșii
15 ml/1 lingura sos de soia
30 ml/2 linguri otet de vin
30 ml/2 linguri faina de porumb (amidon de porumb)
2 ouă, bătute
câteva picături de ulei de susan

Înmuiați ciupercile în apă caldă timp de 30 de minute și scurgeți-le. Aruncați tulpinile și tăiați capacele în fâșii. Se fierb ciupercile, bulionul, puiul, mugurii de bambus și tofu, se acoperă și se fierbe timp de 10 minute. Amestecați sosul de soia, oțetul de vin și făina de porumb într-o pastă netedă, amestecați în supă și fierbeți timp de 2 minute până când supa devine transparentă. Adăugați ouăle și uleiul de susan încet în timp ce amestecați cu un betisoare. Acoperiți și lăsați să stea 2 minute înainte de servire.

Supa de ciuperci

Porti 4

15 ciuperci chinezești uscate
1,5 L/2½ pt/6 cani supa de pui
5 ml / 1 linguriță sare

Înmuiați ciupercile în apă caldă timp de 30 de minute, apoi strecurați, rezervând lichidul. Aruncați tulpinile și împărțiți capacele în jumătate dacă sunt mari și puneți-le într-un castron mare rezistent la căldură. Așezați vasul pe grătarul pentru abur. Se fierbe bulionul, se toarnă peste ciuperci, se acoperă cu un capac și se fierbe la abur 1 oră peste apă ușor clocotită. Se condimentează cu sare și se servește.

Supă de ciuperci și varză

Porti 4

25 g/1 oz ciuperci chinezești uscate
15 ml/1 lingura ulei de arahide
50g/2oz frunze de China, tocate
15 ml/1 lingură vin de orez sau sherry uscat
15 ml/1 lingura sos de soia
1,2 L/2 pt/5 căni supă de pui sau legume
sare si piper proaspat macinat
5 ml/1 linguriță ulei de susan

Înmuiați ciupercile în apă caldă timp de 30 de minute și scurgeți-le. Aruncați tulpinile și tăiați capacele. Încinge uleiul și prăjește ciupercile și frunzele chinezești timp de 2 minute până se îmbracă bine. Se amestecă vinul sau sherry și sosul de soia, apoi se adaugă bulionul. Se aduce la fierbere, se condimentează cu sare și piper și se fierbe timp de 5 minute. Stropiți cu ulei de susan înainte de servire.

Supă de ciuperci și picături de ouă

Porti 4

1 L/1¾ puncte/4¼ cani supa de pui

30 ml/2 linguri faina de porumb (amidon de porumb)

100g/4oz ciuperci, feliate

1 felie de ceapa, tocata marunt

putina sare

3 picături de ulei de susan

2,5 ml/½ linguriță sos de soia

1 ou, batut

Se amestecă o parte din bulion cu mălaiul și apoi se amestecă toate ingredientele, cu excepția oului. Aduceți la fierbere, acoperiți și fierbeți timp de 5 minute. Adăugați oul, amestecați cu un betisoare pentru a forma fire. Se ia de pe foc si se lasa sa stea 2 minute inainte de servire.

Ciorba de castane cu ciuperci si apa

Porti 4

1 L/1¾ puncte/4¼ cani bulion de legume sau apa
2 cepe, tocate mărunt
5 ml/1 linguriță vin de orez sau sherry uscat
30 ml/2 linguri sos de soia
225g/8oz ciuperci buton
100g/4oz castane de apă, feliate
100g/4oz muguri de bambus, feliați
câteva picături de ulei de susan
2 frunze de salata verde, taiate bucatele
2 cepe de primăvară (cepe), tăiate în bucăți

Fierbeți apa, ceapa, vinul sau sherry și sosul de soia, acoperiți și fierbeți timp de 10 minute. Adăugați ciupercile, castanele de apă și lăstarii de bambus, acoperiți și fierbeți timp de 5 minute. Se adauga uleiul de susan, frunzele de salata verde si ceapa, se ia de pe foc, se acopera si se lasa 1 minut inainte de a servi.

Supă de porc și ciuperci

Porti 4

60 ml/4 linguri ulei de arahide
1 cățel de usturoi, zdrobit
2 cepe, feliate
225g/8oz carne de porc slabă, tăiată fâșii
1 tulpină de țelină, tocată
50g/2oz ciuperci, feliate
2 morcovi, feliați
1,2 L/2 pt/5 căni bulion de vită
15 ml/1 lingura sos de soia
sare si piper proaspat macinat
15 ml/1 lingură făină de porumb (amidon de porumb)

Se încălzește uleiul și se prăjește usturoiul, ceapa și carnea de porc până când ceapa este moale și ușor rumenită. Adăugați țelina, ciupercile și morcovul, acoperiți cu un capac și fierbeți timp de 10 minute. Se fierbe bulionul, se adauga in oala cu sosul de soia si se condimenteaza cu sare si piper. Se amestecă făina de porumb cu puțină apă, apoi se adaugă în tigaie și se fierbe, amestecând, timp de aproximativ 5 minute.

Ciorba de porc si nasturel

Porti 4

1,5 L/2½ pt/6 cani supa de pui
100g/4oz carne slabă, tăiată fâşii
3 tulpini de telina, feliate
2 ceai (cei), feliaţi
1 buchet de nasturel
5 ml / 1 linguriţă sare

Se fierbe bulionul, se adauga carnea de porc si telina, se pune capacul si se lasa sa fiarba 15 minute. Adaugam ceapa primavara, nasturelul si sarea si lasam sa fiarba neacoperit aproximativ 4 minute.

Supă de porc și castraveți

Porti 4

100 g/4 oz carne de porc slabă, feliată subțire
5 ml/1 lingurita faina de porumb (amidon de porumb)
15 ml/1 lingura sos de soia
15 ml/1 lingură vin de orez sau sherry uscat
1 castravete
1,5 L/2½ pt/6 cani supa de pui
5 ml / 1 linguriță sare

Amestecați carnea de porc, făina de porumb, sosul de soia și vinul sau sherry. Aruncă carnea de porc pentru a se acoperi. Curățați și tăiați castraveții în jumătate pe lungime și îndepărtați semințele. Se felie gros. Se fierbe bulionul, se adaugă carnea de porc, se acoperă cu un capac și se fierbe timp de 10 minute. Se amestecă castravetele și se fierbe câteva minute până devine translucid. Se amestecă sare și, dacă este necesar, se mai adaugă puțin sos de soia.

Supă cu bile de porc și tăiței

Porti 4

50 g/2 oz tăiței de orez

225g/8oz carne de porc măcinată (măcinată).

5 ml/1 lingurita faina de porumb (amidon de porumb)

2,5 ml / ½ linguriță sare

30 ml/2 linguri apă

1,5 L/2½ pt/6 cani supa de pui

1 ceapa primavara (ceapa), tocata marunt

5 ml/1 linguriță sos de soia

Puneti taiteii in apa rece in timp ce faceti chiftelele. Amestecați carnea de porc, făina de porumb, puțină sare și apă și formați biluțe de mărimea unei nuci. Se incinge apa intr-un ibric pana da in clocot, se adauga bilutele de porc, se acopera cu un capac si se lasa sa fiarba 5 minute. Scurgeți bine și scurgeți tăiteii. Fierbeți bulionul, adăugați bile și tăițeii de porc, acoperiți și fierbeți timp de 5 minute. Adaugati ceapa, sosul de soia si sarea ramasa si mai fierbeti inca 2 minute.

Supă de spanac și tofu

Porti 4

1,2 L/2 pt/5 cani supa de pui

200g/7oz roșii conservate, scurse și tocate

225 g/8 oz tofu, tăiat cubulețe

225g/8oz spanac, tocat

30 ml/2 linguri sos de soia

5 ml/1 lingurita zahar brun

sare si piper proaspat macinat

Se fierbe bulionul, se adauga rosiile, tofu si spanacul si se amesteca usor. Se aduce din nou la fierbere și se fierbe timp de 5 minute. Adaugati sosul de soia si zaharul si asezonati cu sare si piper. Se fierbe timp de 1 minut înainte de servire.

Supă de porumb dulce și crab

Porti 4

1,2 L/2 pt/5 cani supa de pui
200 g/7 oz porumb dulce
sare si piper proaspat macinat
1 ou, batut
200 g/7 oz carne de crab, fulgi
3 salote, tocate

Se fierbe bulionul, se adaugă condimente de porumb dulce cu sare și piper. Se fierbe timp de 5 minute. Chiar înainte de servire, turnați ouăle printr-o furculiță și amestecați-le deasupra supei. Se serveste presarata cu carne de crab si salota tocata.

Supă de Sichuan

Porti 4

4 ciuperci chinezești uscate

1,5 L/2½ pt/6 cani supa de pui

75 ml/5 linguri vin alb sec

15 ml/1 lingura sos de soia

2,5 ml/½ linguriță sos chili

30 ml/2 linguri faina de porumb (amidon de porumb)

60 ml/4 linguri apă

100g/4oz carne slabă, tăiată fâșii

50g/2oz șuncă fiartă, tăiată fâșii

1 ardei gras rosu, taiat fasii

50g/2oz castane de apă, feliate

10 ml/2 lingurite otet de vin

5 ml/1 linguriță ulei de susan

1 ou, batut

100 g/4 oz creveți decojiți

6 cepe (cepe), tocate

175g/6oz tofu, tăiat cubulețe

Înmuiați ciupercile în apă caldă timp de 30 de minute și scurgeți-le. Aruncați tulpinile și tăiați capacele. Aduceți bulion, vin, soia sosul și sosul chili se fierb, se acoperă și se fierb timp de 5 minute. Se amestecă făina de porumb cu jumătate din apă și se amestecă în supă, amestecând până când supa se îngroașă. Adăugați ciupercile, carnea de porc, șunca, ardeiul și castanele de apă și fierbeți timp de 5 minute. Se amestecă oțetul de vin și uleiul de susan. Bateți oul cu restul de apă și amestecați-l în supă în timp ce amestecați energic. Adăugați creveții, ceapa și tofu și fierbeți câteva minute pentru a se încălzi.

Supă de tofu

Porti 4

1,5 L/2½ pt/6 cani supa de pui
225 g/8 oz tofu, tăiat cubulețe
5 ml / 1 linguriță sare
5 ml/1 linguriță sos de soia

Se fierbe bulionul si se adauga tofu, sarea si sosul de soia. Fierbeți câteva minute până când tofu este încălzit.

Supă de tofu și pește

Porti 4

225g/8oz file de pește alb, tăiat fâșii
150 ml / ¼ pt / ½ cană generos de vin de orez sau sherry uscat
10 ml/2 lingurițe rădăcină de ghimbir tocată mărunt
45 ml/3 linguri sos de soia
2,5 ml / ½ linguriță sare
60 ml/4 linguri ulei de arahide
2 cepe, tocate
100g/4oz ciuperci, feliate
1,2 L/2 pt/5 cani supa de pui
100 g/4 oz tofu, tăiat cubulețe
sare si piper proaspat macinat

Puneți peștele într-un castron. Amestecați vinul sau sherry, ghimbirul, sosul de soia și sarea și turnați peste pește. Se lasă la marinat 30 de minute. Încinge uleiul și prăjește ceapa timp de 2 minute. Adăugați ciupercile și continuați să fierbeți până când ceapa este moale, dar nu se rumenește. Adăugați peștele și marinada, aduceți la fierbere, acoperiți și fierbeți timp de 5 minute. Adăugați bulionul, aduceți din nou la fierbere, acoperiți și fierbeți timp de 15 minute. Adauga tofu si asezoneaza cu sare si piper. Se fierbe până când tofu este gătit.

Supă de roșii

Porti 4

400g/14oz conserve de roșii, scurse și tocate
1,2 L/2 pt/5 cani supa de pui
1 felie radacina de ghimbir, tocata
15 ml/1 lingura sos de soia
15 ml/1 lingură sos chilli
10 ml/2 lingurite zahar

Puneți toate ingredientele într-o tigaie și aduceți la fierbere încet, amestecând din când în când. Se fierbe aproximativ 10 minute înainte de servire.

Supă de roșii și spanac

Porti 4

1,2 L/2 pt/5 cani supa de pui

225 g/8 oz conserve de roșii tăiate cubulețe

225 g/8 oz tofu, tăiat cubulețe

225 g/8 oz spanac

30 ml/2 linguri sos de soia

sare si piper proaspat macinat

2,5 ml / ½ linguriță de zahăr

2,5 ml/½ linguriță vin de orez sau sherry uscat

Se fierbe bulionul, se adauga rosiile, tofu si spanacul si se ficrbe 2 minute. Adăugați restul ingredientelor și fierbeți timp de 2 minute, apoi amestecați bine și serviți.

Supă de varză

Porti 4

1 L/1¾ puncte/4¼ cani supa de pui
1 nap mare, feliat subțire
200g/7oz carne de porc slabă, feliată subțire
15 ml/1 lingura sos de soia
60 ml/4 linguri coniac
sare si piper proaspat macinat
4 salote, tocate marunt

Se fierbe bulionul, se adaugă napul și carnea de porc, se acoperă cu un capac și se fierbe timp de 20 de minute până când napul este moale și carnea este gătită. Se amestecă sosul de soia și coniacul după gust. Se fierbe până se servește cald, stropite cu eșalotă.

Supa de legume

Porti 4

6 ciuperci chinezești uscate
1 L/1¾ puncte/4¼ cani bulion de legume
50g/2oz muguri de bambus, tăiați în fâșii
50g/2oz castane de apă, feliate
8 mangetout (mazăre de zăpadă), feliate
5 ml/1 linguriță sos de soia

Înmuiați ciupercile în apă caldă timp de 30 de minute și scurgeți-le. Aruncați tulpinile și tăiați capacele în fâșii. Adăugați-le în bulion împreună cu lăstarii de bambus și castanele de apă și aduceți la fiert, acoperiți și fierbeți timp de 10 minute. Adăugați mangeout și sosul de soia, acoperiți și fierbeți timp de 2 minute. Se lasa sa stea 2 minute inainte de servire.

Supă vegetariană

Porti 4

¼ varză albă

2 morcovi

3 tulpini de telina

2 ceapa primavara (ceapa)

30 ml/2 linguri ulei de arahide

1,5 l / 2½ buc. / 6 căni de apă

15 ml/1 lingura sos de soia

15 ml/1 lingură vin de orez sau sherry uscat

5 ml / 1 linguriță sare

piper proaspăt măcinat

Tăiați legumele fâșii. Încinge uleiul și prăjește legumele timp de 2 minute până încep să se înmoaie. Adăugați ingredientele rămase, aduceți la fierbere, acoperiți și fierbeți timp de 15 minute.

Supa de nasturel

Porti 4

1 L/1¾ puncte/4¼ cani supa de pui
1 ceapa, tocata marunt
1 tulpină de țelină, tocată mărunt
225 g/8 oz nasturel, tocat grosier
sare si piper proaspat macinat

Fierbeți bulionul, ceapa și țelina, acoperiți cu un capac și fierbeți timp de 15 minute. Adăugați nasturel, acoperiți și fierbeți timp de 5 minute. Asezonați cu sare și piper.

Pește prăjit cu legume

Porti 4

4 ciuperci chinezești uscate
4 pești întregi, curățați și curățați
ulei pentru prajit
30 ml/2 linguri faina de porumb (amidon de porumb)
45 ml/3 linguri ulei de arahide
100 g/4 oz muguri de bambus, tăiați în fâșii
50g/2oz castane de apă, tăiate fâșii
50g/2oz varză chinezească, mărunțită
2 felii de rădăcină de ghimbir, tocate
30 ml/2 linguri vin de orez sau sherry uscat
30 ml/2 linguri apă
15 ml/1 lingura sos de soia
5 ml/1 lingurita zahar
120 ml/4 fl oz/¬Ω cană de stoc de pește
sare si piper proaspat macinat
¬Ω salată verde, tocată
15 ml/1 lingură pătrunjel cu frunze plate tocat

Înmuiați ciupercile în apă caldă timp de 30 de minute și scurgeți-le. Aruncați tulpinile și tăiați capacele. Tăiați peștele în jumătate făină de porumb și scuturați excesul. Încinge uleiul și prăjește peștele timp de aproximativ 12 minute până este fiert. Se scurge pe prosoape de hartie si se tine la cald.

Se incinge uleiul si se prajesc ciupercile, lastarii de bambus, castanele de apa si varza timp de 3 minute. Adăugați ghimbir, vin sau sherry, 15 ml/1 lingură apă, sos de soia și zahăr și gătiți timp de 1 minut. Adăugați bulion, sare și piper, aduceți la fiert, acoperiți și fierbeți timp de 3 minute. Se amestecă făina de porumb cu apa rămasă, se adaugă în oală și se fierbe, amestecând, până se îngroașă sosul. Așezați salata pe un platou de servire și puneți pestele deasupra. Se toarna peste legume si sosul si se serveste ornat cu patrunjel.

Pește întreg copt

Porti 4

1 biban mare sau pește similar
45 ml/3 linguri faina de porumb (amidon de porumb)
45 ml/3 linguri ulei de arahide
1 ceapa, tocata
2 catei de usturoi, macinati
50 g sunca taiata fasii
100 g/4 oz creveți decojiți
15 ml/1 lingura sos de soia
15 ml/1 lingură vin de orez sau sherry uscat
5 ml/1 lingurita zahar
5 ml / 1 linguriță sare

Ungeți peștele cu făină de porumb. Se incinge uleiul si se caleste ceapa si usturoiul pana se rumenesc usor. Adăugați peștele și prăjiți până se rumenește pe ambele părți. Puneți peștele pe o foaie de folie în tava de prăjire și acoperiți cu șuncă și creveți. Adăugați în tigaie sos de soia, vin sau sherry, zahăr și sare și amestecați bine. Se toarnă peste pește, se acoperă cu folie și se coace în cuptorul preîncălzit la 150¬∞C/300¬∞F/gaz mark 2 timp de 20 de minute.

Pește de soia înăbușit

Porti 4

1 biban mare sau pește similar

sare

50 g/2 oz/½ cană făină simplă (universală).

60 ml/4 linguri ulei de arahide

3 felii de rădăcină de ghimbir, tocate

3 ceai (cei), tocate

250 ml/8 fl oz/1 cană apă

45 ml/3 linguri sos de soia

15 ml/1 lingură vin de orez sau sherry uscat

2,5 ml/½ lingurita de zahar

Curățați peștele și curățați-l în diagonală din ambele părți. Se presară cu sare și se lasă 10 minute. Se incinge uleiul si se prajeste pestele maro pe ambele parti, se intoarce o data si se unge cu ulei in timpul prajirii. Adaugati ghimbirul, ceapa primavara, apa, sosul de soia, vinul sau sherry si zaharul, aduceti la fiert, acoperiti si fierbeti timp de 20 de minute pana pestele este fiert. Serviți cald sau rece.

Pește de soia cu sos de stridii

Porti 4

1 biban mare sau pește similar

sare

60 ml/4 linguri ulei de arahide

3 ceai (cei), tocate

2 felii de rădăcină de ghimbir, tocate

1 cățel de usturoi, zdrobit

45 ml/3 linguri sos de stridii

30 ml/2 linguri sos de soia

5 ml/1 lingurita zahar

250 ml/8 fl oz/1 cană bulion de pește

Curățați peștele, curățați și tăiați de câteva ori în diagonală pe ambele părți. Se presară cu sare și se lasă 10 minute. Încinge cea mai mare parte din ulei și prăjește peștele până se rumenește pe ambele părți, întorcându-l o dată. În același timp, încălziți restul de ulei într-o tigaie separată și prăjiți ceapa, ghimbirul și usturoiul până se rumenesc ușor. Adăugați sosul de stridii, sosul de soia și zahărul și prăjiți timp de 1 minut. Adăugați bulion și aduceți la fierbere. Se toarnă amestecul peste peștele rumenit, se aduce la fierbere, se acoperă cu un capac și se lasă să fiarbă cca.

15 minute până când peștele este gătit, întorcându-se o dată sau de două ori în timpul gătirii.

Bas aburit

Porti 4

1 biban mare sau pește similar
2,25 l / 4 puncte / 10 căni de apă
3 felii de rădăcină de ghimbir, tocate
15 ml / 1 lingura sare
15 ml/1 lingură vin de orez sau sherry uscat
30 ml/2 linguri ulei de arahide

Curățați peștele, curățați și tăiați ambele părți de câteva ori în diagonală. Fierbe apa intr-o cratita mare si adauga restul ingredientelor. Puneți peștele în apă, acoperiți ermetic, opriți focul și lăsați 30 de minute până când peștele este fiert.

Pește înăbușit cu ciuperci

Porti 4

4 ciuperci chinezești uscate
1 crap mare sau pește similar
sare
45 ml/3 linguri ulei de arahide
2 ceai (cei), tocate
1 felie radacina de ghimbir, tocata
3 catei de usturoi, macinati
100 g/4 oz muguri de bambus, tăiați în fâșii
250 ml/8 fl oz/1 cană bulion de pește
30 ml/2 linguri sos de soia
15 ml/1 lingură vin de orez sau sherry uscat
2,5 ml/¬Ω lingurita de zahar

Înmuiați ciupercile în apă caldă timp de 30 de minute și scurgeți-le. Aruncați tulpinile și tăiați capacele. Tăiați peștele de câteva ori în diagonală pe ambele părți, stropiți cu sare și lăsați timp de 10 minute. Încinge uleiul și prăjește peștele până se rumenește ușor pe ambele părți. Adăugați ceapa primăvară, ghimbirul și usturoiul și gătiți timp de 2 minute. Adăugați restul ingredientelor, aduceți la fierbere, acoperiți și fierbeți timp de 15 minute până când peștele este gătit, întorcându-se o dată sau de două ori și amestecând din când în când.

Pește dulce și acru

Porti 4

1 biban mare sau pește similar

1 ou, batut

50 g faina de porumb (amidon de porumb)

ulei pentru prajit

Pentru sos:

15 ml/1 lingura ulei de arahide

1 ardei gras verde, taiat fasii

100 g/4 oz bucăți de ananas conservate în sirop

1 ceapă, feliată

100 g/4 oz/¬Ω cană de zahăr brun

60 ml/4 linguri supa de pui

60 ml/4 linguri otet de vin

15 ml/1 lingura piure de rosii (pasta)

15 ml/1 lingură făină de porumb (amidon de porumb)

15 ml/1 lingura sos de soia

3 cepe (cepe), tocate

Curățați peștele și îndepărtați aripioarele și capul, dacă doriți. Ungeți-l cu ou bătut și apoi cu mălai. Încinge uleiul și prăjește peștele până este fiert. Se scurge bine si se tine la cald.

Pentru a pregăti sosul, se încălzește uleiul și se prăjește ardeiul, ananasul scurs și ceapa timp de 4 minute. Adăugați 30 ml/2 linguri sirop de ananas, zahăr, bulion, oțet de vin, piure de roșii, mălai și sos de soia și aduceți la fiert, amestecând. Se lasă să fiarbă amestecând până când sosul se limpezește și se îngroașă. Se toarna peste peste si se serveste presarat cu ceapa.

Pește umplut cu carne de porc

Porti 4

1 crap mare sau pește similar

sare

100g/4oz carne de porc tocată (măcinată).

1 ceapa (ceapa), tocata

4 felii rădăcină de ghimbir, tocate

15 ml/1 lingură făină de porumb (amidon de porumb)

60 ml/4 linguri sos de soia

15 ml/1 lingură vin de orez sau sherry uscat

5 ml/1 lingurita zahar

75 ml/5 linguri ulei de arahide

2 catei de usturoi, macinati

1 ceapă, feliată

300 ml/¬Ω pt/1¬° cană de apă

Curățați și jupuiți peștele și stropiți cu sare. Amestecați carnea de porc, ceapa primăvară, puțin ghimbir, făina de porumb, 15 ml/1 lingură sos de soia, vinul sau sherry și zahărul și folosiți pentru a umple peștele. Se încălzește uleiul și se prăjește peștele până se rumenește ușor pe ambele părți, apoi se scoate din tigaie și se scurge mare parte din ulei. Adăugați usturoiul și ghimbirul rămas și gătiți până se rumenesc ușor.

Adăugați sosul de soia rămas și apa, aduceți la fiert și fierbeți timp de 2 minute. Punem pestele inapoi in tigaie, punem capacul si lasam sa fiarba aproximativ 30 de minute pana pestele este fiert, intoarcendu-l o data sau de doua ori.

Crap picant înăbușit

Porti 4

1 crap mare sau pește similar
150 ml/¬° pt/tip ¬Ω cană ulei de arahide
15 ml/1 lingura de zahar
2 catei de usturoi, tocati marunt
100g/4oz muguri de bambus, feliați
150 ml/¬° pt/curs ¬Ω cană bulion de pește
15 ml/1 lingură vin de orez sau sherry uscat
15 ml/1 lingura sos de soia
2 cepe (cepe), tocate
1 felie radacina de ghimbir, tocata
15 ml/1 lingură sare de oțet de vin

Curățați și curățați peștele și lăsați-l la înmuiat în apă rece timp de câteva ore. Ștergeți și uscați, apoi faceți mai multe tăieturi pe ambele părți. Încinge uleiul și prăjește peștele până devine ferm pe ambele părți. Scoateți din tigaie și scurgeți, rezervând 30 ml/2 linguri de ulei. Adăugați zahărul în tigaie și amestecați până se întunecă. Adăugați usturoiul și lăstarii de bambus și amestecați bine. Adaugam restul ingredientelor, dam la fiert, punem pestele inapoi in tigaie, punem capacul si lasam sa fiarba la foc mic aproximativ 15 minute, pana ce pestele este fiert.

Transferați peștele într-un vas de servire încălzit și turnați sosul peste el.

www.ingramcontent.com/pod-product-compliance
Lightning Source LLC
Chambersburg PA
CBHW071833110526
44591CB00011B/1309